思维力：让孩子爱上自主学习

王 佳 编著

图书在版编目（CIP）数据

思维力：让孩子爱上自主学习 / 王佳编著. -- 长春：吉林文史出版社，2023.5

ISBN 978-7-5472-9433-8

Ⅰ. ①思… Ⅱ. ①王… Ⅲ. ①学习兴趣—家庭教育 Ⅳ. ① G782 ② G442

中国国家版本馆 CIP 数据核字 (2023) 第 091130 号

思维力：让孩子爱上自主学习

SIWEI LI RANG HAIZI AI SHANG ZIZHU XUEXI

编　　著　王　佳
出 版 人　张　强
责任编辑　王　辰
封面设计　郑金霞
出版发行　吉林文史出版社
地　　址　长春市净月区福祉大路 5788 号出版大厦
印　　刷　天津海德伟业印务有限公司
开　　本　640mm × 910mm　1/16
印　　张　12
字　　数　113 千
版　　次　2023 年 5 月第 1 版
印　　次　2023 年 5 月第 1 次印刷
书　　号　ISBN 978-7-5472-9433-8
定　　价　69.00 元

前言
PREFACE

在讲思维力之前，我们先来分享一个关于英国物理学家卢瑟福的小故事。

有一天，天已经很晚了，卢瑟福去实验室，看到一个学生仍在埋头做实验。卢瑟福就问："天这么晚了，你在这里干什么？"

学生抬起头，看到老师，忙回答说："老师，我在工作。"

"那你白天干什么了？"

"我也在工作。"

卢瑟福有些生气，又问道："那你早晨也在工作吗？"

"是的，老师。"学生点点头说，"我早晨很早就开始工作了。"

卢瑟福更加不高兴了，批评道："你一天到晚除了工作还是工作，哪里还有时间思考呢？"

这似乎正是对很多中国孩子的追问，绝大多数中国孩子在学习过程中，往往都是勤奋有余，思考不足。所以，我们会看到很多孩子这样的学习状态：每天都在勤勤恳恳地学习、背书、刷题，成绩却总是得不到提高，或者提高速度太慢。久而久之，孩子就失去了学习兴趣和学习动力，只有在家长、老师的不断催促下，才不得不拿起课本，皱着眉头学习。

这样的学习态度，怎么能取得好成绩呢？

实际上，孩子学习成绩不好、不爱学习，都与思维力较差有很大的关系。我在与很多孩子的沟通过程中就发现，那些能主动学习的孩子，思维力往往都很敏捷，学习时不会“死学”，也不会“苦学”，而是学得很“活”，拥有灵活的学习方法与技巧。与之相反的，那些成绩较差、学习积极性不高的孩子，每天真的是在死学、苦学，似乎一刻都不肯放松，可成绩却并不理想。

孩子的学习之路就像是一场马拉松，年少时靠背背书、刷刷题尚且可以获得暂时的领先，但要想最终胜利地抵达终点，光靠背书、刷题是远远不够的，必须要具备出色的思维能力。而且孩子解决未来无尽难题的黄金钥匙，也并不是知识的储备量，同样是出色的思维能力。

思维是人类智慧的火花，世界上一切的发明、发现与创造，几乎都是人类思维能力发展的结果。对于成长中的孩子来说，思维力更是他们灵活地学习知识，提高综合分析、抽象概括、推理判断等能力的基础，这样，他们才能对所学知识进行深入的理解和掌握，并能够灵活运用，提高学习效率。正如我国著名教育家、原北京大学校长蔡元培先生曾经说的那样，想要孩子有所成就，单纯地读书是不行的，而应更加注重孩子思维能力的发展。

本书就是一本家长和孩子都爱读的超有效、超实用、超系统的学习思维方法书。书中不仅分享了提升思维力和运用思维力帮助孩子提高学习效率的多种方法，还引入了如今风靡全球的学习工具——思维导图，并将其运用到孩子日常学习的语文、数学、英语等主副科目当中，激发孩子学习中的思维活力，让孩子彻底摆脱“死学”“苦学”，变得“会学”“爱学”。

当然，孩子在运用思维导图时，可能需要家长的帮忙和参与，这对家长来说是一个挑战。而且它不像刷几道题或背几篇课文那样，能让我们立马看到效果，但请你相信，长期坚持下来，它一定能让孩子的思维能力获得拓展和提升，促进孩子对各类知识获取过程的积极思考，增强孩子理解、分析和解决问题的能力。更重要的是，当孩子因此而获得好成绩后，内心的成就感会大大增强，学习的主动性和积极性也会由此提高。而这，才是孩子爱上自主学习，未来勇敢地迎接各种挑战的真正优势和必备素质。

目录 CONTENTS

第一章

思维力：决定孩子一生的学习能力

每一位家长都想给自己的孩子最好的教育，让孩子上最好的学校，给孩子花钱进行各种辅导，但最后可能只培养了孩子的应试能力。殊不知，教育的本质应该是培养孩子的思维力，无论是孩子的学习活动，还是人类的一切发明创造活动，都离不开思维力，思维力才是孩子一生学习能力的核心。

知识量和思维力，哪个更重要

相信很多家长都发现了这样一种现象：明明是在同一所学校、同一个班级，孩子间的学习差距却非常大。除了成绩上的差异外，还有思维方法上的差异："别人家孩子"思维敏捷，解决问题能够举一反三，平时也不见多努力，成绩总是很优秀；自己家孩子思维总是"慢一拍"，脑子显得"不灵光"，明明读了很多书，刷了很多题，学习还是很吃力，成绩也不见提升，搞得孩子都不愿意学习了。

还有一种典型的现象，就是孩子在小学阶段成绩拔尖，上了初中后成绩慢慢变得中等，进入高中后更是一年不如一年。这类现象也让家长们很头疼。

这些问题的原因都出在哪里呢？难道真是我们的孩子天生智商不行，不如"别人家孩子"聪明吗？

事实上，如果我们认真分析一下就会发现，那些学习很好、成绩稳定的孩子几乎都有一个共性，就是特别善于思考、乐于思考。他们成绩好，并不是因为死读书，而是因为把知识学"活"了。虽然孩子们每天从课堂上接收的知识是一样的，但如何筛选、如何加工、如何记忆、如何运用，最终产生的价值却完全不同。

由于工作关系，我经常会与家长和孩子们打交道。在与那些努力、勤奋但成绩不佳的孩子交流后，我就发现，他们中的大多数人对知识的接收和理解能力都比较差，尤其在数学、物理等学科上，不善于理解和归纳总结，也不善于灵活地运用各种知识点，做题也不懂得举一反三。你教会他一道题，他就只学会了那一道题的解题方法，稍微变动一点儿，他就感觉是全新的一道难题了，又完全不知道怎么解了。这就是不会思考的表现，只是机械性地接收了老师传授的知识，再把它一次次套进题目中，却没有对知识很好地理解和归纳。对于普通的题型，这些孩子尚能应付，一旦遇到难题，需要通过思考才能解答出来时，他们就会吃亏。而与那些善于思考的孩子接触后，我发现，他们在接收新知识后，会很快通过理解、吸收，把知识转化为自己思维的一部分，所以无论考试时遇到什么题型，他们都能对所学过的知识运用自如。

我们都听过一句话，叫“知识就是力量”，意思是说，掌握的知识越多，思想就越丰富，对客观世界的认识和改造能力就越强，获得成功的机会就越多。但是，有些人尽管非常努力，也掌握了大量的知识，最后却并不见得会取得好成绩。

这就是我们常说的“事倍功半”，明明花了比别人多得多的时间和精力，掌握的知识也比别人多得多，最后却事与愿违。殊不知，“知识就是力量”还有后半句——“更重要的是运用知识的技能”，这句话才是重点。“知识就是力量”说得没错，但如果对所学知识只是简单地死记硬背，不会运用，那就是典型的“只知其然，不知其所以然”了。

很多家长在对待孩子的学习问题上都特别看重结果：孩子今天背了多少个单词、做了多少道习题；考试考了多少分，落后了别人多少名……却恰恰忽略了对孩子在学习过程中思维力的培养。久而久之，孩子在学习时就养成了“只知其然，不知其所以然”的思维模式，学完某个知识点后，就认为自己已经掌握了知识，达到了学习的目标，却不知学会运用才是最关键的。不会运用，即使“饱读诗书”，这些知识在大脑中也是零散而混乱的。只有善于思考，善于对知识进行分类、整理、联想，善于发现各类知识之间的因果关系，才能在有需要时，把它们从大脑中“调”出来，帮助自己解决问题。从这个角度来说，具有很强的思维力往往比掌握大量不会灵活运用的知识更重要。

美国伯克利大学心理学系的艾莉森·高普尼克教授曾写过一本

书，名叫《宝宝也是哲学家》。在这本书中，她认为孩子在成长过程中，都会不断地构建自己大脑里的"因果关系示意图"，也就是不断把外界的事物与联系投射到自己的大脑中，帮助他们增加对这个世界的理解。这就像我们到达一个陌生的地方旅游，如果没有地图，就只能胡乱地走，毫无目标，但如果有一份地图，那就能找到最佳的旅游路线。

从孩子小时候起，学习中最重要的一点就是建立思维模式，获得构建大脑认知示意图的能力，而不是背下多少知识点或刷多少本习题。如果只有知识，却不知其中的关系，也不知如何运用，那么孩子的大脑认知示意图就是一片混乱，根本无法很好地分析问题和解决问题。只有思维力不断提升，孩子才能找出各类知识之间的关系，在大脑中构建起各类知识的"因果关系示意图"，慢慢把所学知识都联系起来，让"图"越画越大，越画越详细。这是一个人成长和学习过程中应具备的最重要的能力之一，也是整个智慧的核心。

当然，这并不是说知识储备不重要，要灵活地运用知识，让思维力发生效用，仍然需要大量的知识储备作为基础，就像清华大学经管学院博士、"雨果奖"获得者郝景芳女士说的那样："真正的创造力，是在丰富的知识基础上的灵活思维。肚子里没货，创意也只是胡思乱想。"广泛而牢固的知识基础加上灵活的思维能力，才是孩子在学习过程中必备的素质。只是与思维力比起来，知识量的地位略次一些而已，它只是对外部客观规律的归纳与总结，而真正影响孩子一生学习能力的，还是要掌握处理和运用知识的思维能力。

提升孩子思维力的方法

说起“思维”这个词，我们一点儿都不陌生，可以说是随处都能听到：逻辑思维、创造性思维、成长思维……那么，到底什么是思维呢？

按照网络上的定义，思维就是对新输入大脑的信息与大脑内储存的知识、经验等进行一系列复杂操作的过程。我们都用过电脑，电脑要处理信息，首先需要向电脑输入相关信息，然后由电脑的中央处理器对这些信息进行处理，最后再把处理好的信息输出，帮助我们解决问题。简单来说，人类的思维过程与电脑处理信息过程的性质是一致的。

前文我们提到，培养和提升孩子的思维力十分重要，要提升孩子的思维力，就可以仿照电脑处理信息的过程，即从输入、加工处理和输出三个阶段入手，而且每个阶段又有不同的方法。

※ 输入阶段：提出问题

虽然思维力是先天具备的，但也需要后天的训练，在后天训练过程中，一个既简单又有效的方法就是向孩子提问题。这个过程就相当于我们向电脑里输入信息，电脑对各种数据和信息进行筛选、分析等“思考”过程，最终为我们提供最优答案。其中，“思考”

的过程是最重要的一步。

向孩子提出问题，其实就是激发孩子大脑思考的过程，这也是锻炼孩子思维力的关键。在孩子年幼的阶段，我们可以经常给孩子提问，促进孩子思考；等孩子能够独立思考之后，我们还可以鼓励孩子自己提出问题。

美国哈佛大学教育学院曾就如何培养和提升孩子的思维力提出了一个“零点计划”，其中有一个方法，叫作“三步提问法”，这“三步”分别为“see（你看见了什么）”“think（你有什么想法）”“wonder（你想知道什么）”。

举个例子，假如我们带孩子去参观博物馆，看到馆中有许多陈列的物品，我们就可以问孩子：“你都看到了什么？”孩子可能会说自己看到了陈列的各类文物，某个文物有什么特点等。

可不要觉得这一步很简单，这是孩子形成独立思考能力和思维力的基础，而且孩子也会因为你的提问更加仔细地观察，甚至能从不同的角度观察眼前的物品，表达出许多不同的观点和看法。当不同的观点和看法碰撞在一起时，思维力就得到了拓展。

接下来，你可以问孩子："你对看到的这些物品有什么想法吗？"这是承接上一个问题关键的一步，这一步我们不仅要问孩子"怎么想"，还要问孩子"为什么"这么想。比如，孩子在看到博物馆陈列的一把长剑时，可能会说："这个剑的主人一定很厉害！"那你可以继续问他："你是怎么观察出来的？你为什么这么想？"

这也是锻炼孩子思维力的关键一步，因为如果你不问孩子"为什么"，孩子可能就不会去思考自己为什么会这样想，也不会认真梳理因果关系，只是停留在自己"怎么想"的阶段，便止步不前了。

第三步是问孩子："还有其他你想知道的吗？"这一步在于鼓励孩子去勇于探索，将之前的"观察"和"思考"上升到"行动"的阶段。比如，孩子看到了一把颜色不一致的武器，就问："为什么这件武器的颜色不一致呢？"这时你就可以顺势鼓励他说："这个问题我也回答不了，你想要了解吗？那你去问问工作人员吧！"然后引导孩子自己去询问馆里的工作人员，弄清楚自己的问题。

这一步是为了让孩子的问题或想法"落地"，当孩子的每个疑问、每个想法都能得到解决后，他就会更加积极、深入地探索下一个问题，让自己的思维力不断拓展。

※ 加工处理阶段：运用思维导图

思维导图是由世界著名的英国学者托尼·博赞发明的，它的核心思想是运用左右脑的机能，利用阅读、记忆、思维的规律，帮助人们将形象思维与抽象思维很好地结合在一起，最终将大脑中思考的内容和思考的过程通过“图文并茂”的发散结构形象化地呈现出来。而运用思维导图，就是记录大脑思维的过程。

比如，当我们向孩子输入一个信息：“你知道西安的大雁塔与小雁塔的联系和区别吗？”接下来就可以通过绘制思维导图来引导孩子进行思考和比较（如图 1-1 所示）：

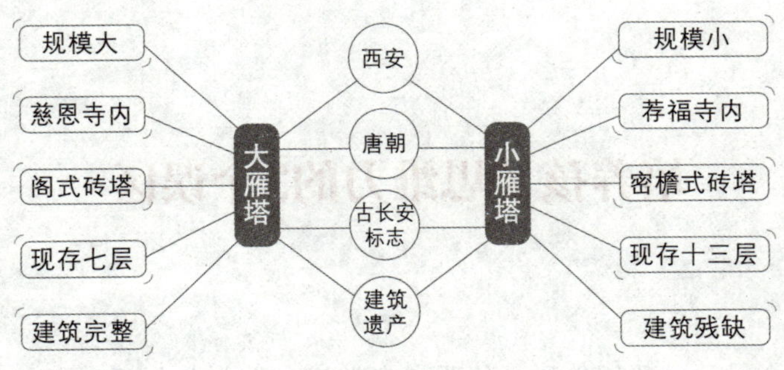

图 1-1

※ 输出阶段：读取思维导图

输出阶段是思维过程的最后一个阶段，而输出最好的方式就是通过思维导图，让孩子将自己的大脑思维可视化呈现。在绘制思维导图的过程中，就是在锻炼孩子的思维力，让孩子将自己对某个问题的思考过程用图文的形式呈现出来。

当孩子的思维导图画完后，还要引导孩子来读思维导图。这是一个让孩子再思考的过程，也是一个思维复盘的过程，家长可以参与其中，通过和孩子一起读图，帮助孩子判断一下图画得是否科学合理，孩子的思路是否清晰等。

以上就是提升孩子思维力的有效方法，当然，要实现这个目标也不是一蹴而就的事，需要家长在日常生活中多对孩子进行训练，在输入、加工处理和输出三个阶段，通过向孩子提问、引导孩子绘制思维导图和读取思维导图的过程，不断拓展孩子的思维力。大量的训练会逐渐形成习惯，习惯成自然后，最终便形成了孩子的思维模式，从而让孩子获得超强的思维力。

培养孩子思维力的3个误区

上个月的一天，我到一位朋友家做客，朋友有个可爱的小女儿，刚刚4岁。

在聊天过程中，朋友就说起他的小女儿："你不知道，我女儿可聪明了！"然后就把女儿叫过来说："宝贝，快来，把你新学的那首古诗给阿姨背一遍听听！"小女孩很听话地跑过来，站在我面前特别认真地背了一首古诗，我赶紧表扬她背得很棒，小女孩很开心，朋友也一脸自豪。

"宝贝，告诉爸爸，3+4等于几？"

"宝贝，你数个数吧，从1数到50……"

差不多半个小时的时间，朋友一直让女儿在我面前展示各种知识，然后一脸期待地看向我，期望我给出赞许和表扬。

这样的做法无可厚非，对孩子进行启蒙教育，让孩子多掌握知识、锻炼记忆力也是有必要的。但是，不管是启蒙教育，还是面对孩子上学后的学习指导，我认为让孩子靠“死记硬背”的方式来学习都是不科学的，我们更应该侧重培养孩子的思维力，帮助孩子形成善于思考、主动学习的能力。要知道，在孩子成长的早期，重要的不是孩子学到了多少知识，而是形成了什么样的思维。

爱因斯坦曾说：“学会独立思考和独立判断比获得知识更重要。”然而，很多家长却经常在无意中扼杀孩子的思维力，更糟糕的是，他们还不自知，误以为是在帮助孩子，导致在孩子的思维力培养过程中陷入误区。

※ 过度替代孩子，让孩子越来越“笨”

“妈妈，牛奶弄洒了，怎么办？”

“妈妈，鸡蛋太热了，怎么剥皮呀？”

“爸爸，这道题怎么做？快给我讲一下！”

……

生活中总有这样一些孩子，甚至我们自己的孩子也是这样，遇到问题不会自己想办法解决，而是第一时间寻求爸爸妈妈的帮助。有的家长也很有耐心，对孩子有求必应，马上出面帮助孩子解决，生怕孩子自己做不好。

然而，家长这种对孩子的过度替代，恰恰是妨碍孩子思维力发展的重要因素，会让孩子的大脑越来越“懒”，越来越不爱思考。

德国心理学家、现代社会心理学之父库尔特·勒温曾提出一个概念，叫作心理张力。他认为，每个人都有一种自然倾向去完成某个行为，如读一本书、完成一项作业、玩一个游戏等，这种心理倾向就是心理张力。而每一个被唤起又未能获得满足的心理需求，都会产生一个张力系统，这种张力系统的存在，则会督促人们去完成那些尚未完成的事情。当事情全部完成后，心理张力也随之消失。

当孩子遇到问题时，家长第一时间帮他解决，他就不愿意再去主动思考，只想被动地接受家长提供的方法和教给他的知识。并且在问题解决后，孩子也很快就把这个问题忘记了，并不会从中有所收获，下次再遇到类似的问题，孩子仍然不会。孩子每次遇到问题，我们都这样帮他解决，那么孩子就越来越不会思考，思维力也会越来越差。

※ 要求孩子得出唯一的"正确答案"

有些家长在教育孩子学习时，习惯以"二元对立思想"来引导孩子看待事情，让孩子认为一件事不是对就是错，没有中间答案。更糟糕的是，他们还要求孩子在一些可以发散思维的问题上得出一个"标准答案"。久而久之，孩子的思维就会变得僵化，看待问题也会以一成不变的思维进行，丧失了主动学习和主动探索未知的愿望，严重影响学习能力的提升。

实际上，孩子的思考方式常常是天马行空的，有时我们大人听起来甚至觉得可笑，但这也恰恰是他们身上最可贵的地方，是他们的好奇心和思维活跃的表现。

前段时间，我在网上看到一个小视频，视频中的妈妈问孩子："西瓜、香蕉、菠萝和鸭子排成一队，你知道谁站错了队伍吗？"

我们成人听完这个问题后，大脑给出的第一个答案肯定是鸭子，然而这个孩子的答案却是“西瓜”。妈妈很不解，问孩子为什么？明明是动物和水果的区别呀！结果孩子的解释是：“因为西瓜是绿色的，其他三个都是黄色的。”

这就是孩子的思考方式。这个问题的答案也不是只有一种，不同的思考方式就能得出不同的答案。如果我们非要让孩子按照我们的思维来思考，说出我们认为所谓唯一的“正确答案”，那么必然会限制孩子的思维力，影响孩子思维力的提升。

※ 过于在意学习结果，忽略学习过程

绝大多数家长平时都很在意孩子的学习结果，但对孩子的学习过程却关注不够，导致一些孩子为了得到高分，不得不依赖机械记忆去学习知识。而长期大量的重复性练习，很少去思考当前所学的

知识与以往学过知识之间的联系，同样会使孩子的思维力变得越来越僵化。这一点在小学阶段表现得还不够明显，等孩子升到初中、高中，面对大量需要思考的问题时，学起来就会越来越吃力，孩子的自信心也会因此受到打击，学习积极性不断降低。

其实，在低年级阶段，孩子的成绩并没有那么重要，只要打好基础，即使不能每次都考 100 分，也并不影响他们以后的学习。只要孩子在学习遇到问题时，家长主动引导孩子思考，比如问孩子，“你从这道题中看到了哪些已知条件？”“这个已知条件想要告诉我们什么？”等，以此让孩子认真观察、分析，再对比得出的答案，才能真正有助于孩子解决问题，让孩子拥有科学的思维方式，养成主动观察、探索的好习惯。

“学霸”都在用的思考工具——思维导图

良好的思维模式能有效提高办事效率，这一点也体现在学习中。科学的思维，能让孩子的学习事半功倍。

这里所说的“思维工具”，并不是指孩子平时所用的铅笔、尺子、圆规、计算器等，而是指一些能够提高孩子综合学习能力的“思维力训练工具”，帮助孩子全方位地掌握科学的用脑习惯、记忆策略、阅读技巧和知识管理的方法。

目前，优秀的学习能力包括两个方面：记忆力和思维力。思维导图这个“思维力训练工具”，恰好提供了高效记忆和高效思考两个方面的功能，因而也成为众多“学霸”都在使用的必备学习神器。

说起思维导图，很多家长和孩子都不陌生，它是一种将思维进行可视化的实用工具，主要利用线条、图形、文字、符号、色彩等，把各类知识点进行串联、发散、聚合，再以图解的形式和网状的结构存储、组织、优化和输出信息，帮助使用者把大脑所思考的内容和过程有重点、有逻辑地呈现出来。对于某个知识点，只要看一看思维导图，就能将整体架构及关键细节了解得清清楚楚。

比如，我们要孩子列一下一天中需要做的不同事情，就可以利用思维导图来表达（如图 1-2 所示）

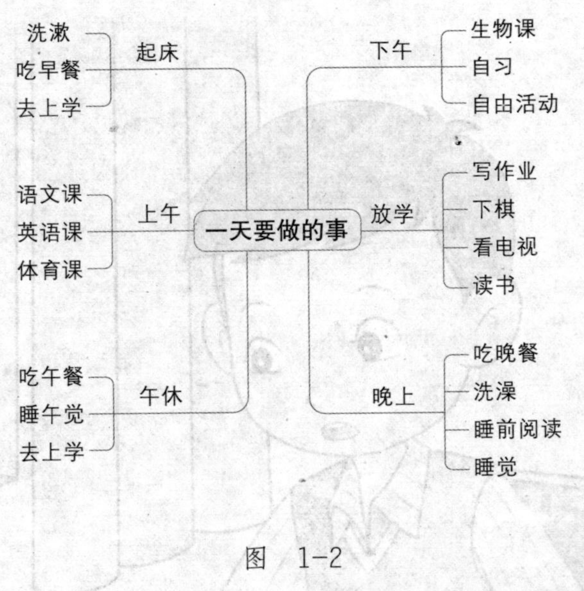

图 1-2

简单来说，思维导图要做的工作就是更加有效地把各类信息“输入”大脑，或者将信息从大脑中“取出来”。通过这个过程，可以让孩子的思维更加清晰可见，并有效分清主次信息，发现和厘清各知识点之间的关联，由此培养孩子良好的思维习惯，提升思考能力。如果说得更具体一些，思维导图对于孩子的学习来说具有如下意义：

※ 提升记忆力

我们知道，孩子在学习时经常需要做笔记，尤其在听课时，做好课堂笔记对巩固课堂知识、提高学习效率很有帮助。

大多数孩子在做笔记时，都是用句子、短语、列表、数字或画线等形式进行，用这类方法做的笔记称为“线性笔记”，笔记上的内容基本都是文字，看起来比较枯燥。更重要的是，这种做笔记的方法只用到了我们左脑的记忆功能，即负责语言、数字、概念、分析和逻辑推理的功能。

但是，很多人不知道的是，我们右脑的记忆功能要远远高于左脑。右脑在记忆时，不仅能把所见所闻用图像形式记忆下来，还能用图像把信息原样地呈现出来，就像拍照片一样，先把我们看到的东西记忆下来，再在需要时让图像重现出来，所以这种记忆方式也被称为照相记忆能力。

当孩子用思维导图学习或做笔记时，就需要运用右脑的记忆功能，通过各种图形、图像总结出笔记的中心主题，再以此为核心，画出一系列线条，在线条上把要记录的内容按照从重要到次要的顺序一一记录下来；或者画出实际图形，再在主线上分出次一级的线条，在线条上标明关键字或关键的实际图像。通过这种记忆方式，孩子就能迅速抓住所学知识的核心点和关键点，快速记住笔记中的内容。

※ 有利于构建知识框架

当孩子学完某一课程或某一学科后，为了形成系统的知识框架，就需要把学过的相关知识整理好，以便在相关考试或后面学习新知识时快速地“取用”。这时，孩子采取的常规整理方法就是用文字把大量学过的定义、公式、例题、关键句子等摘录在本子上，不但要耗费大量的时间，记忆效果也不好。

如果学会使用思维导图，就能有效地构建知识框架，帮助孩子通过节点和连线把从中心辐射出来的各个知识点联系起来，包括把新知识与已经学过的知识都联系起来，从而逐渐把所学过知识一点一点地串成串、连成网。

※ 提高自主学习能力

数学家华罗庚说："自学，就是一种独立学习、独立思考的能力。"学习本来就是孩子自己的事，而自主学习能力也是孩子应该具备的重要能力之一。要培养和提高孩子的自主学习能力，就要让孩子在学习过程中善于发现、分析和解决问题，并且保持持久的好奇心和探索欲。

孩子每天接收的知识都很多，如果没有良好的思维力，就会导致大量的知识在大脑中杂乱无章地堆砌，无法有效运用。而良好的思维力则会帮助孩子迅速分析和判断出那些输入大脑的知识哪些是重点的、有用的，哪些又是非重点的、次要的；哪些是需要记忆的，哪些又是需要进一步分析整理的。当孩子能够对所接收的知识进行理解、分析和梳理后，在运用时才能做到得心应手。

在各个学科的学习中，思维导图可以很好地帮助孩子对各类知识进行分析和整理。每次学到新知识后，孩子也能很自然地运用这一工具来整理和思考，进一步加深对知识的掌握与理解，逐渐提高认知能力和综合思维能力，以后也更乐于去接受和探索新的知识，从而形成一种良性循环和自主学习能力。我们平常说的"学霸"，就是这样一步步养成的。

思维导图的绘制要领

很多家长和孩子可能觉得，思维导图看起来很复杂，是不是绘制起来特别难？

其实，思维导图绘制起来并不难，即使你和孩子都没有学过，参照其他的思维导图也能绘制出来。但如果想要绘制出能反映大脑思考过程的思维导图，掌握正确的绘制要领就很重要了。我们不但要引导孩子学会正确的绘制步骤，更重要的是让孩子搞清楚为什么要这样绘制？为什么要有这样的步骤？这些要求背后都有什么原因？

“知其然，更要知其所以然”，这是绘制思维导图时必须明白的一点，因为真正能够帮到孩子，让孩子养成自主学习习惯的，不仅仅是思维导图怎么画，而是它为什么要这样画。

那么，绘制思维导图都有哪些要领呢？

※ 确定主题

任何一幅思维导图的绘制，首先都需要确定一个明确的主题，它是用来帮助孩子聚焦思考的。同时，这个主题也是思维导图的核心和标题，它可以是一些关键字，或是表达核心意思的字或词等。从这个主题出发，我们就可以引导孩子发散思维，继续绘制主题的分支了。

比如，下面这个思维导图（如图1-3所示），就是一个孩子在写《我的英语老师》这篇作文时所绘制的，其中中间部分的“我的英语老师”就是主题。

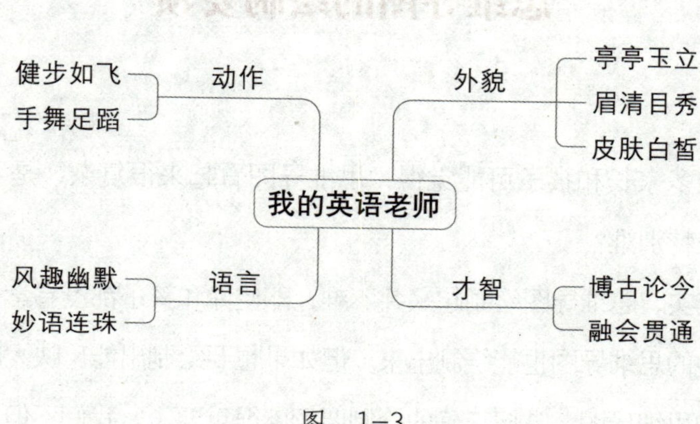

图 1-3

在绘制思维导图时，主题要画在一张纸的正中心位置，这是绘制思维导图的规则，我们要引导孩子遵守。同时，关于主题的形象，我们也可以让孩子发挥自己的想象力和创造力，画得更加恰当、形象些。

※ 画出分支

思维导图是由中心主题和各级分支组成的，分支就是从中心主题向四周发散出来的线条。其中，距离主题最近的分支称为第一分支，第一分支又会再向外发散出第二分支，以此类推。在画分支时，要注意逐层发散，各分支之间毫不关联（如图 1-4 所示）。

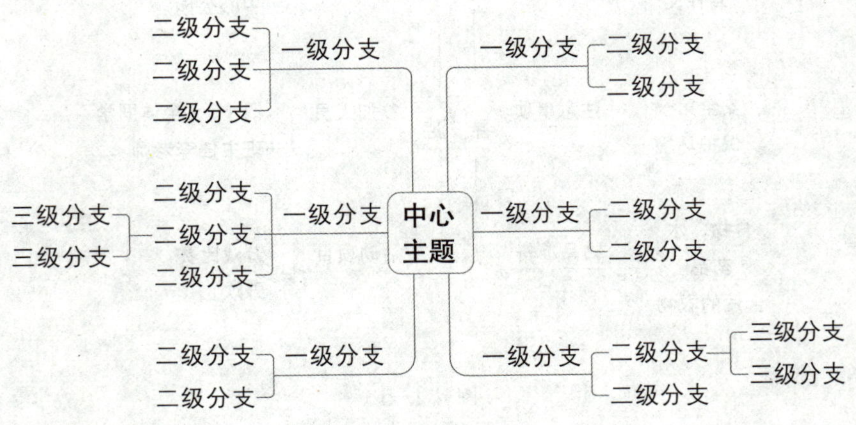

图　1-4

※ 写关键词

在画好分支后，需要在不同的分支上写下对应的关键词。在思维导图上出现的关键词一般都是一堆信息中的重点，所以一定要简短、精练，根据这些关键词可以复述出内容的大概。

在写关键词时要注意，一条线上只能对应一个词，字与线要贴合，不要距离太远。通过提炼关键词，既能帮助孩子快速抓住信息的核心，逐渐提高孩子的归纳、总结能力，还能让孩子从被动地接收信息变为主动地分析和思考信息。

为了帮助家长和孩子更加清晰地理解，我用一幅《春游》的思维导图来说明一下（如图 1-5 所示）。

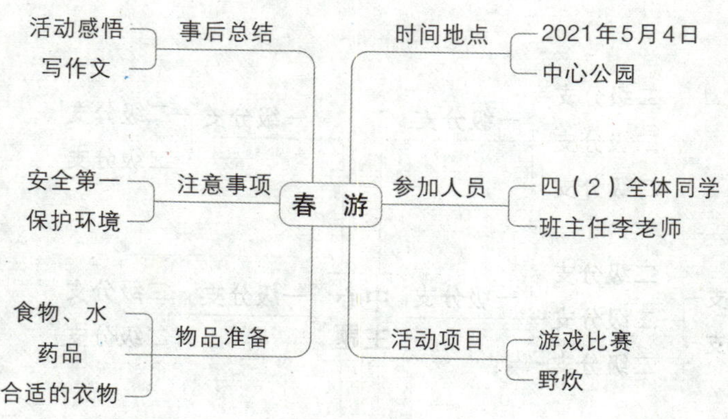

图　1-5

在这幅思维导图中，每一条分支上都有一个关键词，表达的就是图中分支的内容和含义。通过这幅图，我们也能一下子就抓住了此次“春游”活动中几个关键点。

※ 插入图像

有些思维导图中还可以插入一些图像和色彩，既能增强图形的形象感，还能更好地刺激大脑，强化大脑对事物的感受。在插入图像时，我们可以让孩子根据关键词的名称、性质、特点等进行插入，也可以发挥自己的想象力和创造力，根据自己的喜好进行插入。

一般来说，在引导孩子通过绘制思维导图提升思维力，强化自主学习能力时，我们可以先从孩子感兴趣的话题或熟悉的生活场景入手，在生活中反复练习，让孩子逐渐学习和掌握绘制思维导图的方法。当孩子能熟练地掌握绘制思维导图的基本要领后，再让他将思维导图应用到学科之中，才会达到事半功倍的效果。

但有一点要注意，在孩子刚刚学习思维导图时，家长最好能陪伴孩子一起思考和画图。孩子的想象力虽然丰富，看待事物也有自己独特的角度和观点，但他们的思维终究不够成熟，对一些问题也缺乏客观、全面的认识，这时，家长的引导和示范就显得格外重要。家长耐心地给予孩子示范和指导，帮助孩子打开思考的阀门，才能让孩子逐步形成成熟的思考和表达方式，从而在兴趣与挑战中学会思考、爱上思考。

第二章

8种思维导图，让孩子思维力直线提升

在很多人的印象中，思维导图是成年人在工作中运用的一种便捷、高效的图形思维工具。其实并非如此，在美国，孩子从幼儿园开始，就会在老师的教导下学习思维导图，借助它可视化呈现的特点来梳理和思考所学内容，构建知识框架，提升思维能力和学习效率。在美国课堂上，最常用的思维导图有8种，掌握了这8种思维导图模式，孩子的思维力就能获得直线提升。

圆圈图，锻炼孩子的发散思维

圆圈图（Circle Map）是8种常用思维导图中最简单的一种，所以也更适合低龄的孩子学习和使用。

圆圈图主要是围绕一个主题逐步进行发散联想或描述细节，最终产生一系列的创造性思考或找到更多的答案，在运用过程中可以有效地锻炼孩子的发散思维，培养孩子的发散联想能力。

圆圈图的绘制方法很简单，它只由两个圆圈组成，里面的小圆圈为主题，外面的大圆圈则是与主题相关的特征或细节，如图2-1所示：

图 2-1

举个例子来说，如果我们让孩子以“大海”为主题，来绘制一幅思维导图，就可以绘制成如图2-2所示的图形：

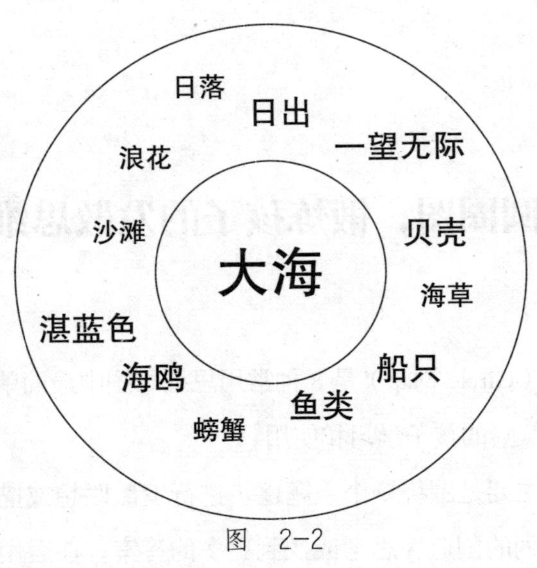

图 2-2

从这幅图可以看出，圆圈图是一种比较松散的思维导图，外面大圈中的内容可以是任何与小圈中主题相关的事物，并且事物之间也不需要有关联和层次感，很适合年龄小的孩子学习。

不过，在绘制圆圈图时有一点要注意，有的孩子在画图时，会因为年龄小，思维简单，容易陷入一个思维中难以脱离，显然这是不能满足利用圆圈图锻炼孩子发散思维的目的的。此时，家长一定要及时提醒和引导孩子，帮助孩子打开思路，为孩子指出新的思考方向和角度，全方位地锻炼孩子的发散思维和联想能力。

比如，我们问孩子："当你看到一个正方形时，你会想到哪些东西？"孩子很容易会从"正方形"这个形状开始联想，想到积木、盒子、魔方、书、纸巾、橡皮等，这样确实能联想到很多物体，但思维还不够发散。这时，我们就要引导孩子向新的方向拓展思维，比如，正方形看起来像不像一块豆腐？像不像一块砖头？或者在生活中，正方形有哪些特别的作用？这样就能引导孩子从正方形的功能方面去思考，

由此联想到桌子、椅子、房子、窗户、门、皮包、被子、讲台、土地等等。此外，从寓意方面思考，正方形还象征着方正、平衡、稳固、安宁、古板等等。这样一来，孩子在就“正方形”这个主题画圆圈图时，就能从更多的角度来描述与正方形相关的东西，从而也让思维更加发散，激发大脑进行全方位的思考与分析。

气泡图：锻炼孩子的描述思维

气泡图（Bubble Map）是用描述性的词语来描述一个主题和对象，所以可以很好地锻炼孩子的描述性思维，对介绍事物、分析故事非常有帮助。同时，气泡图还能帮助孩子积累描述性的词汇，锻炼孩子的语言表达能力。

从外表来看，气泡图就像是一个摩天轮，它的绘制方法与圆圈图有些相似，中间的圆圈表示主题，外面连线延伸出来的圆圈表示描述主题，或与主题紧密相关的词语，一般为形容词或词组（如图 2–3 所示）：

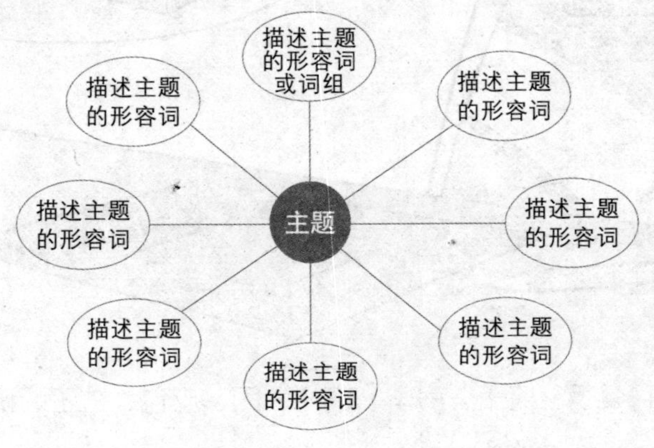

图　2–3

举个例子来说，如果我们让孩子以“苹果”为主题，用气泡图来介绍一下苹果，那么就可以引导孩子绘制成下面的思维导图（如图 2–4 所示）：

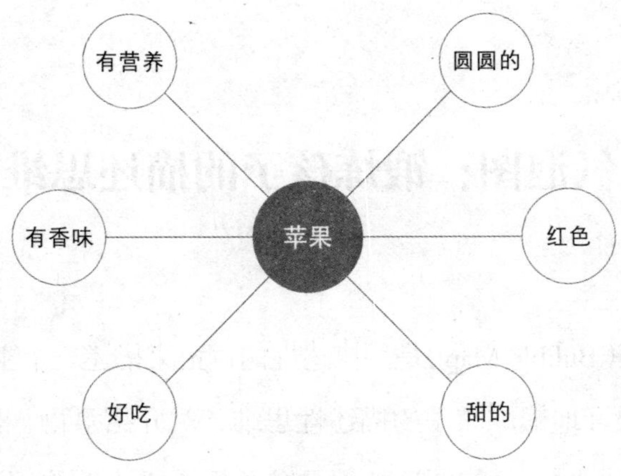

图2–4

从这个图中可以看到，我们从“苹果”的不同特性对其进行了描述：从外形描述，它是“圆圆的”“红色”；从味觉嗅觉描述，它是“甜的”“好吃”“有香味”；从营养价值来描述，它又“有营养”。把这些描述性词语都填入气泡图中，“苹果”的形象就一目了然了。

当然，为了让图更加形象、好看，我们也可以让孩子在“气泡”中自创一些小图案。

按照以上绘制气泡图的方法，我们也可以让孩子试着绘制一下其他水果的思维导图，或者绘制其他事物，如小动物、熟悉的人、天气状况等。在描述时，为了让孩子更加注重细节的具体特征，我们也可以用一些问题来引导孩子思考，比如在对“天气”做介绍时，就可以这样问孩子：“你会怎样描述今天的天气？”“你觉得春天的天气有哪些特征？”“下雨有哪些特点？”这些问题都能促使孩子仔细观察，展开思考。

有一段时间，我儿子特别迷恋成吉思汗的故事，于是我就让他用气泡图来描述一下成吉思汗这个人物。我先给他选了三篇跟成吉思汗有关的故事，分别为“铁木真死里逃生”“铁木真被拥立为汗”“成吉思汗西征”，作为画思维导图的参考。这三个故事分别发生在铁木真少年时期、青年奋进时期和极盛时期，很有代表性。

我儿子在认真阅读了这三篇故事后，分别总结出了铁木真不同时期的人物特征：少年时期“勇敢”“聪明”“刚毅”“身手不凡”；青年时期“能力突出”“有气魄”“体质好”，但也比较“残暴”；盛年时期“目光远大”“有野心”等。

在这个过程中，我一直在启发孩子打开思维，比如问他：“他

很善于打仗，这展现了他什么样的特征？”孩子认为他“有勇有谋”；“他杀了很多人，这体现了他的哪些特征？”孩子又指出他很“残暴”。

在总结完后，孩子就绘制出了关于“成吉思汗”的气泡图，同时对“成吉思汗”这个人物也有了更形象、更具体的了解。

在描述事物和人物时，我们也可以借助一种有效的方法，叫作“六觉法”，即通过视觉、听觉、嗅觉、味觉、触觉和感觉这“六觉”来启发孩子多维度地对人物和事物进行观察和了解。

比如，在描述一个事物的特征时，就可以问问孩子：“你都看到了什么？”“它的外形是什么样的？”“你听到了什么声音？”“你闻到了什么味道？”“你品尝后，是什么味道或感觉？”“你摸一摸，是什么感觉？”“你感受一下，它像什么？好比什么？”

当然，在描述人物时，我们可能不能用“嗅觉”“味觉”来描述，那么可以让孩子换一个角度思考，如这个人擅长什么？有哪些本领？或者做过哪些让人敬佩的事？等等，这些都可以作为描述的方向。

双气泡图：锻炼孩子的比较思维

双气泡图（Double-Bubble Map）是由两个中心“气泡”组成，所以有两个主题，分别代表两个需要比较的事物。在两个主题之间的“气泡”中，填写的是两个事物的相同点，而两个主题两侧的“气泡”则表示这两个事物的不同点。通过对比，孩子就能清楚地认识和理解两个事物之间的相同点与不同点，从而学会区分容易混淆的知识点，激发学习兴趣，锻炼孩子的比较思维（如图 2-5 所示）。

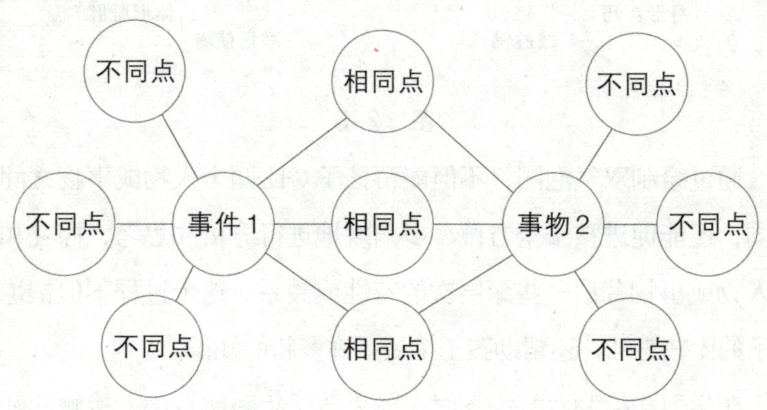

图　2-5

举个例子来说，孩子在看《西游记》的书籍或影片时，我们就可以让孩子对比一下其中的人物，比如孙悟空与猪八戒。我们可以先通过问题来引导孩子思考，如："孙悟空和猪八戒有哪些相同的地方？""孙悟空和猪八戒都来自哪里？""他们的性格都是什么样的？""孙悟空和猪八戒谁的本领更大？他们的本领都是什么？""如果让你变成他们中的一个，你想要变成谁？理由是什么？"等等。

经过这一番对比思考后，孩子就对这两个人物有了更深刻的了解，接下来我们就能跟孩子一起绘制双气泡图了（如图 2-6 所示）。

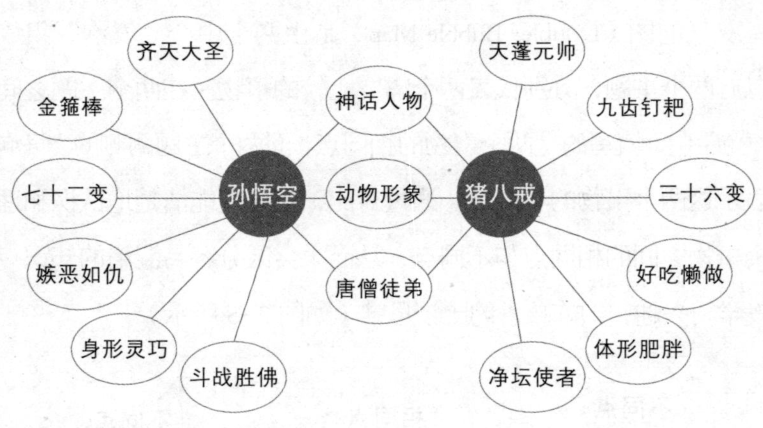

图 2-6

通过绘制双气泡图，不但能帮孩子对比两个人物或事物之间的异同，还能促进孩子全方位、多角度地进行分析和思考，探究和理解人物或事物背后一些深层次的特性或关系。这个过程不但锻炼了孩子的比较思维，还帮助孩子拓展了许多新的知识。

在学习和绘制双气泡图时，如果孩子年龄比较小，接触的知识有限时，我们要先从一些简单的事物来引导孩子寻找异同，比如：

苹果与橘子的相同点与不同点有哪些？面包和蛋糕的相同点和不同点有哪些？太阳和月亮的相同点和不同点有哪些？等等。

等孩子年龄稍大一些，接触的知识也更加丰富后，我们就可以引导孩子绘制复杂一些的双气泡图了，比如：比较长方形与正方形的相同点和不同点、长方体与正方体的相同点和不同点等等。这时我们就要引导孩子从事物的概念、特征、表面积、体积等多个方面进行比较了。

这种学习方式不但能够帮助孩子梳理各类知识点，还能提高孩子解决实际问题和总结归纳的能力。久而久之，孩子就会逐渐养成良好的思维习惯，从而更加深入地理解各类知识的本质属性，掌握知识间的有效联系与差别，实现知识的迁移、构建与记忆，提高学习的积极性和创新能力。

树形图：锻炼孩子的分类思维

树形图（Tree Map）主要用于对事物进行整理、归纳，最终对其分组或分类。树形图由主题、类别和项目组成，其中，“树根”部分是主题，“树枝”部分是与主题相关的类别，“树叶”部分则是各个类别中的项目。学习绘制这种思维导图，不但可以锻炼孩子对事物的观察力与分析力，还能锻炼孩子的分类思维，提高学习效率。

在绘制时，我们仍然要先引导孩子找到主题，然后根据类别画出“树枝”，再一一书写类别中的项目，让“大树”长出“树叶”（如图 2-7 所示）。

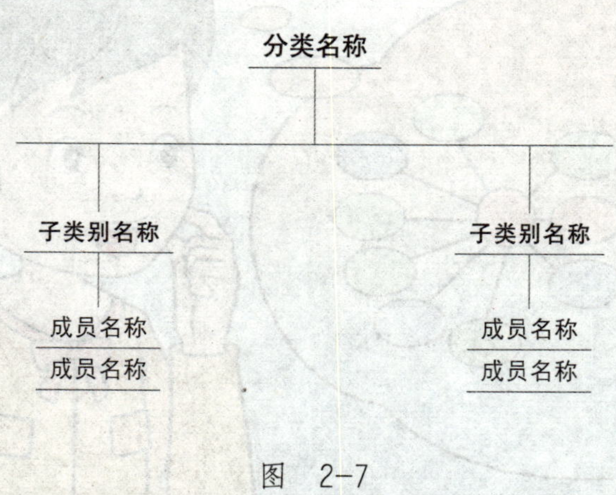

图 2-7

举个例子来说，我们让孩子以“生活垃圾”为主题，用树形图来为垃圾分一下类，该怎么画图呢？

在画图前，我们同样引导孩子先来思考，比如问孩子：

“你知道生活中都有哪些垃圾吗？你会怎么给它们分类？”

“哪些垃圾是可以回收的？哪些是不能回收的？”

“哪些垃圾是有害的？这些垃圾该怎么处理比较好？”

……

接下来，就可以根据孩子回答出来的问题，让孩子来绘制树形图了（如图 2-8 所示）。

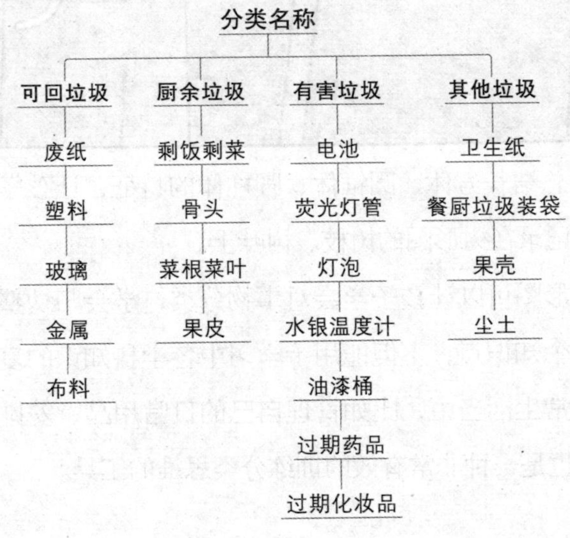

图 2-8

在孩子的学习过程中，很多时候都需要用到树形图对各类事物进行分类，比如在学习立体图形时，让孩子对所有学过的立体图形进行分类，从简单的正方体、长方体，再慢慢过渡到圆柱体、圆锥体、球体等，然后再按照不同的形体罗列出它们的特征，如正方体有 6 个面、8 个顶点、12 条长度相同的棱，相同的两条棱互相垂直，等等；

接着再一一总结长方体、圆锥体、圆柱体的特征，让孩子依次把它们的特性都记录在树形图的树枝、树叶上。

绘制树形图可以让孩子学会对事物分类，学会归纳整理出与事物相关的各个知识点，不但能用于学习中各学科知识的复习，还可以运用到日常生活当中，比如管理自己的日常用品、安排自己的时间等，因而也是一种非常有效的训练分类思维的工具。

流程图：锻炼孩子的逻辑思维

流程图（Flow Map）主要用于列举整理事物的顺序、步骤、时间过程等，学习绘制流程图，可以让孩子学会按顺序、步骤、时间等分析事物的发展、内在逻辑等，因而也能很好地锻炼孩子的逻辑思维。

流程图主要由一个一个的方框来表示，方框中是对应步骤的主题。既然是表示顺序的思维导图，那么方框与方框之间就一定要有箭头，箭头方向指向步骤的顺序。一般来说，每个步骤还会有“子步骤”，也就是把步骤细分之后的步骤，这些“子步骤”要写在步骤的下面，用竖线连接起来。如果“子步骤”间也有明显的顺序，同样需要用箭头把它们连接起来（如图 2-9 所示）。

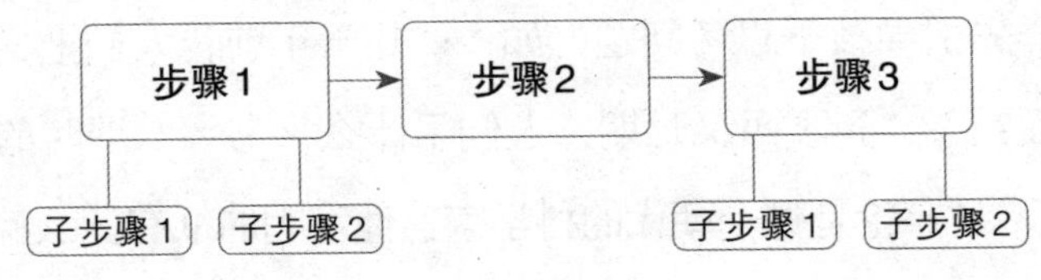

图 2-9

举个例子来说，为了帮助孩子学会管理时间，我们可以让孩子绘制一幅早晨起床之后的流程图。在绘制前，我们同样以提问的方式让孩子思考一下，如：“早上你打算几点起床？”“起床后的第一件事你准备做什么？”“洗漱和叠被子，你准备先做哪件事？为什么你要这样安排？”

当孩子思考清楚这些问题后，我们就可以引导孩子来画图了（如图 2-10 所示）。

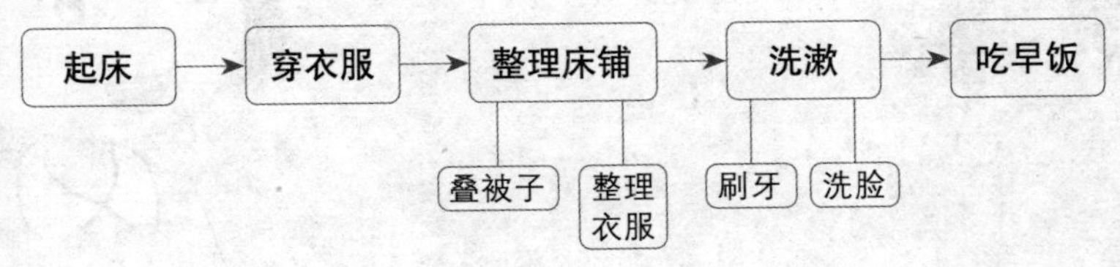

图 2-10

从以上流程图可以看出，每个流程图上都会有若干个步骤，如果孩子想对其中的某个步骤细分，就可以在对应的步骤方框下面画出小方框，里面填写子步骤。

运用流程图，我们还可以让孩子来画出课本或一些书中某些故事的情节，通过这种方式分析课文。

比如，小学三年级语文课本的下册中有一篇课文《纸的发明》，其中蔡伦发明纸张的过程就可以用流程图呈现出来。当然，在画图前，我们同样先引导孩子思考问题，如：“几千年前，人们把文字刻在什么上面？”“到了西汉时期，人们用什么来书写？那时的纸有什么缺点？”“蔡伦是哪个朝代的科学家？他发明的纸有什么特点？”

孩子通过认真阅读课文，厘清这些问题后，就可以尝试着来画图了（如图 2-11 所示）。

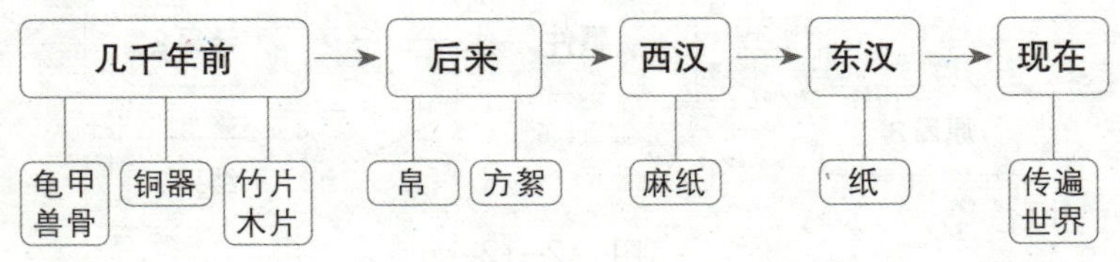

图 2-11

通过画流程图，孩子就能对蔡伦发明纸的过程有了直观、清晰的了解，这要比一遍一遍地读课文，死记硬背相关过程容易得多，效率也高得多。

复流程图：锻炼孩子的关联思维

复流程图（Multi Flow Map）可以理解为流程图的组合，也就是把流程图的顺序关系变为原因和结果的描述，形成了复流程图的一条分支。多条分支组合起来，便构成了一个复流程图。

复流程图也是由方框和箭头组成的，其中中间的方框内填写主题，也就是发生的事件，左边的方框内要填写事件发生的原因，右边方框内填写事件导致的结果，原因和结果不一定一一对应。由于主题前后表示的是因果关系，所以复流程图也叫因果图（如图 2-12 所示）。

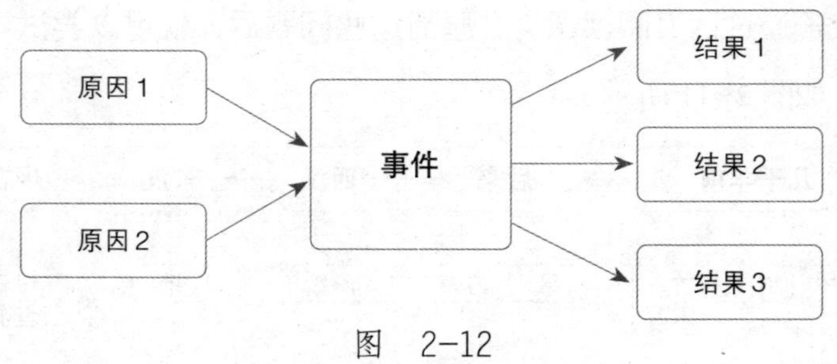

图 2-12

复流程图能很好地锻炼孩子的关联思维，既可以用在孩子的学习中，也可以用在生活中，比如帮孩子找出学习成绩差的原因、拖延的原因等，从而对各类问题加以解决。

举个例子，在让孩子分析“植物生长”的原因和结果时，就可以通过画复流程图的方式来进行。在画图前，同样用问题来引导孩子思考，如：“你认为植物生长都需要什么条件？”“如果没有阳光，植物能生长吗？阳光太强烈行不行？为什么？”“植物的生长会对环境产生影响吗？为什么？”

这些问题都能够启发孩子思考，让孩子学会发散思维，将事件的前因后果联系起来。当孩子厘清这些问题和答案后，我们就来和孩子一起绘制复流程图（如图 2-13 所示）。

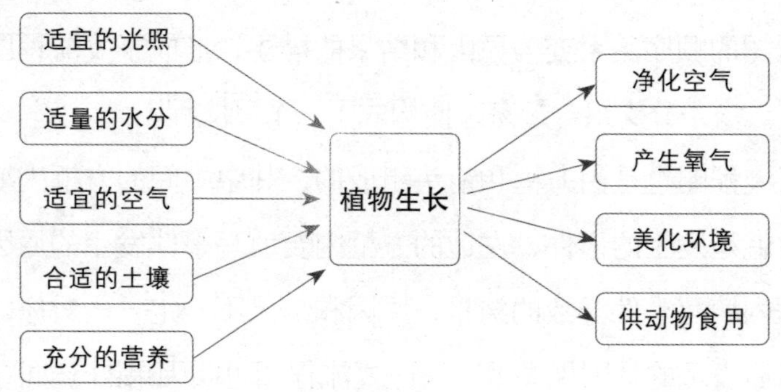

图 2-13

通过图 2-13 可以看出，引导孩子对一个事件进行因果分析的目的，除了让孩子深刻地认识事物的本质外，还要学会从中寻找解决问题的方法。从“植物生长”的原因思考，孩子知道了植物生长所需要的条件；从导致的结果来思考，孩子知道了植物对大自然的作用，并且知道如果要净化空气、美化环境、为动物创造食物时，就可以通过多种植植物、保护植物来达到目的。

从思维训练的角度来说，我认为家长平时应该经常鼓励孩子思考一些事情的前因后果，有些事还可能是多种原因、多种结果，通过这种方法帮孩子把事件的原因和结果联系起来。当然，在分析时，不一定非要让孩子同时关注事件的原因和结果，也可以根据不同的问题让孩子只关注原因或只关注结果，这就又锻炼了孩子的发散思维。

括号图：锻炼孩子的整分思维

括号图（Brace Map）是由关键词和一些大大小小的括号组成的，表示的是整体与部分的关系。其中，关键词就是“整体”，位于图的左侧；图的右侧是“部分”，中间由括号连接起来。学会绘制括号图，既能帮助孩子理解整体与部分的关系，知道一个整体是由很多部分共同组成的，也能让孩子知道各部分之间是以不同方式联系起来，构成一个整体的，因而可以很好地锻炼孩子的整分思维，让孩子学会更加全面、客观地认识事物（如图 2-14 所示）。

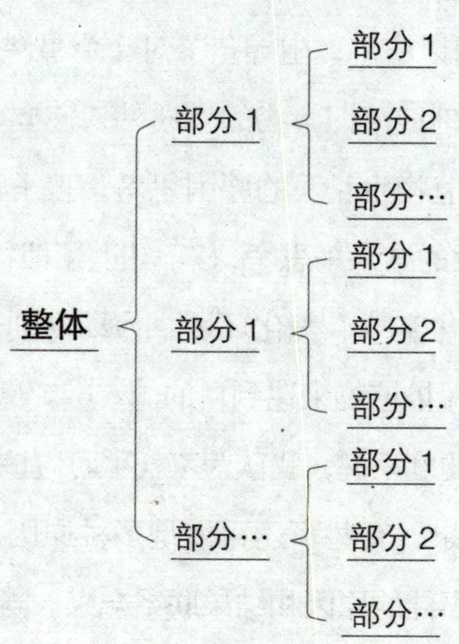

图　2-14

举例来说，在让孩子认识“绿萝”这种植物时，我们就可以让孩子运用画括号图的方式来进行。

首先仍然是先问孩子问题，如：“你知道绿萝是由几部分组成的吗？”“它的每个部分都叫什么？”“不同的部分又分别是由什么组成的？”

如果孩子对某个问题回答不出来，我们也可以和孩子一起查阅相关的资料，帮助孩子弄清每一部分的名称。把这些问题都弄清楚之后，我们就可以和孩子一起画图了（如图 2–15 所示）。

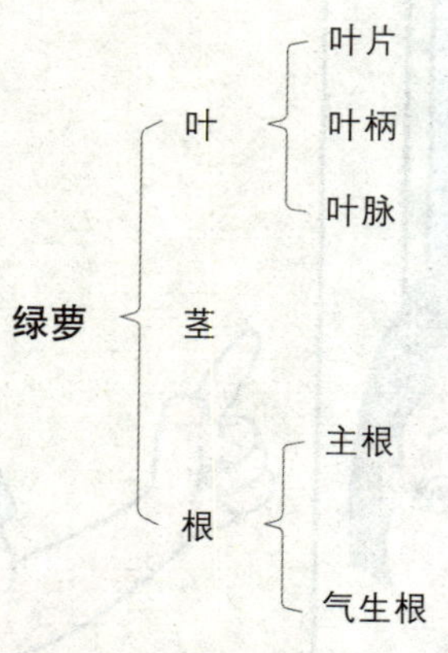

图　2-15

如果你平时稍微注意一下就会发现，孩子的课本和笔记本上常常会出现括号图，因为很多老师在讲课时都喜欢用到这种思维导图。这也说明，在孩子的学习过程中，括号图是一种很实用的思维导图，在整理文章思路、分析故事结构、复习归纳所学知识、描绘事物的结构等情况下，都可以让孩子用括号图来帮忙。

桥状图：锻炼孩子的类比思维

桥状图（Bridge Map）主要用来对各类概念、事物等进行类比，帮助我们分析、理解事物之间的关系，并通过类比的方式对新旧知识进行串联和归纳。此外，桥状图还能帮我们通过类比关系，用学过的知识去理解抽象的概念、信息等，从而发散思维，拓展知识量。

既然叫桥状图，顾名思义，它的形状就像是一座座小桥，其中，在隆起的桥状左边横线上方与下方分别写下具有相关性的两种事物；“桥”的中间写上“as”，意思是“相当于”；“桥”的右边横线上下方则分别写下与左边两种事物相关的另外两种事物，从而让各组之间形成类比或类推关系。在读图时，桥状图可以这样读：事物A与事物B的关系，相当于事物C和事物D的关系（如图2-16所示）。

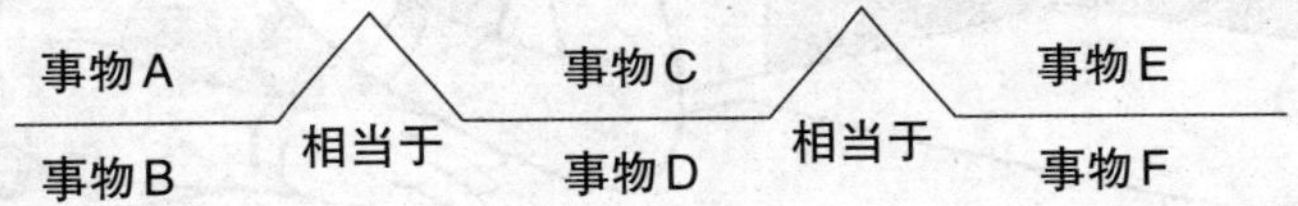

图 2-16

举个例子，我们在引导孩子学习平面图形和立体图形时，就可以用桥状图来表示。在画图前，同样先提问孩子，让孩子思考下面几个问题:“长方形与长方体有什么相关关系？又有什么不同？”“长方体与长方形，正方体与正方形，你发现这两类事物间有什么相关性吗？”

之后，我们再与孩子一起绘制桥状图（如图2-17所示）。

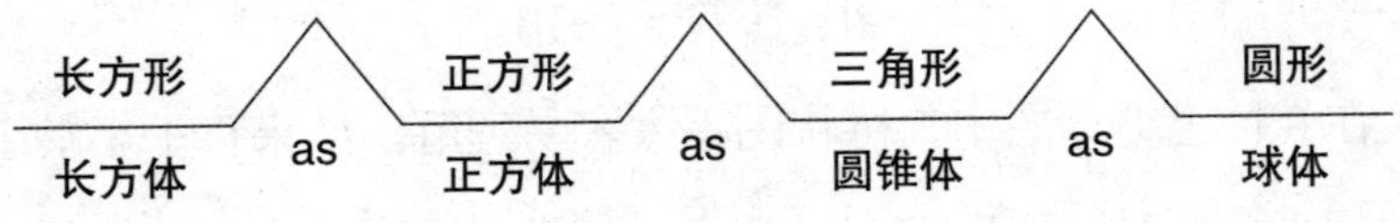

图 2-17

桥状图在孩子学习的很多方面都能用到，比如在解答数学问题时，我们就可以引导孩子把一些较难的问题类比为同类型的、更容易解决的问题，然后用解决简单问题的方法，来理解复杂的题型所表示的含义。

比如，在孩子学习乘法运算时，我们希望孩子能理解乘法背后的含义，就可以绘制桥状图，把加法和乘法的内在关系呈现出来（如图 2–18 所示）：

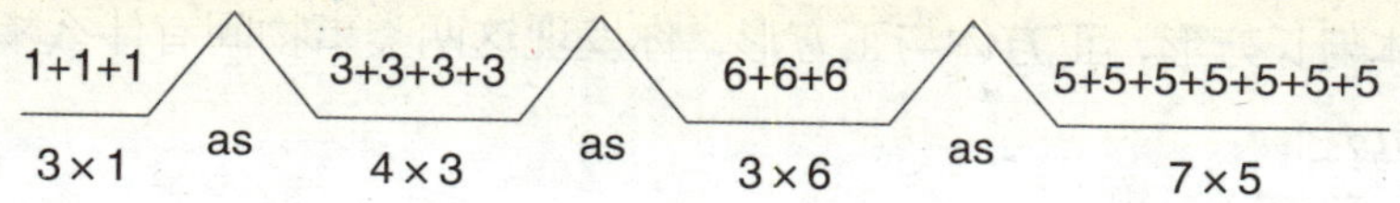

图，等等。2–18

在 8 种思维导图中，桥状图不太容易理解。如果孩子年龄小，理解起来会更难，所以它在日常生活和学习中应用不如其他几种思维导图常见。不过，桥状图却非常适合孩子进行“举一反三”思维的训练，如果孩子能够接受和理解，建议平时可以多用生活中简单的事物进行类比，对孩子进行训练，相信对提升孩子的关联思维、类比思维等一定会有很大的帮助。

第三章

出色的思维逻辑，打破语文学习困局

对于孩子的学习来说，语文的重要性不言而喻。语文学不好，其他学科的成绩也会间接受到影响，所以语文也被称为基础性学科。不过，语文看似简单，要真正学好并不容易，最关键的是，语文知识与思维力是密切相关的，思维是语文学习的根基，语文知识则是思维的载体。只有具备出色的思维逻辑，才能打破学习语文的困局，轻松学好语文。

少记多忆，巧用“死记硬背”

不论是语文的学习,还是其他科目的学习,本质上都是一种思维活动,而记忆力则是思维力的基础。但是，对记忆力与学习的关系，家长们的理解和认知是有很大差别的，比如在孩子学习语文时，有些认为就要靠多记、多背、多积累，一遍一遍地重复读、写、背，总是能记住的；也有些家长认为，学语文不能光靠死记硬背，必须理解了才行。

这些观点都有一定的道理，但又都比较片面。一遍遍地重复读、重复背、重复写，确实能增强记忆力，但效率却非常低，且很快就会遗忘，容易导致孩子对学习失去兴趣；而死记硬背的学习方法，有时候也并非完全无效。

去年夏天，我带孩子到杭州西湖旅游，在白堤上观赏荷花。看着看着，他突然说：“这里的荷花可真漂亮，简直就是‘接天莲叶无穷碧’呀！”

虽然杨万里的这首《晓出净慈寺送林子方》我很早之前就让他背过，也跟他讲过，这首诗是写荷花的，但他并不能真正理解。直到看到真正的西湖、荷花，这首他曾经背过的诗句才被激活，让他把诗与图景联系起来，从而真正达到了理解的层次。

所以，我们不能说不理解的死记硬背就是完全无效的，关键在于记忆下来的内容如果不经常复习，不及时激活，就容易忘记，所以“投入产出比”不高。

但是，要学好语文，又不得不练习记忆力和背诵能力，毕竟语文中需要背诵的知识非常多，既包括各类优秀的古文、古诗词，还包括一些文章中的好词、好句、好段等。如果不能掌握科学的方法，要形成长期记忆会很难。

那么，我们怎样才能帮助孩子快速、有效地记忆各类语文知识呢？

有的家长可能比较推崇现在的一些开发记忆力的课程，对此我并不推荐。我认为，提升记忆力更有效的方法是锻炼孩子的思维力，让孩子运用思维逻辑去理解和记忆，效果会更好。

认知科学家通过研究发现，主动回顾知识往往比被动重复知识的记忆效果更好。如果孩子能做到经常重复回忆所学过的知识，就能让大脑中的信息结合得更加紧密，同时也能强化大脑中用于检索和运用知识的神经回路。

这也就是说，要想让孩子记得更轻松、更牢固，关键是将无意识的重复变成有意识的回忆。具体来说，就是运用下面几种方法：

※ 把要记忆的内容转换成“提示”和“答案”

当孩子有需要记忆的内容时，我们可以让孩子把需要记忆的内容转换成一个个小问题，然后拿出问题向孩子提问，再通过适当的提示，帮助孩子回忆答案。

比如，孩子要背杜甫的《绝句》，一开始我们向孩子提问时，就可以多给孩子一些提示，类似于让孩子做填空题。如：

“两个什么鸣翠柳？”

“一行什么上青天？”

“窗含西岭什么雪？”

“门泊东吴是什么？”

……

要回答出这些问题，孩子就要努力回忆自己背诵过的诗句。如果孩子刚开始回答不出来也没关系，可以让孩子打开课本看一看原诗，然后再合上课本，继续回答。

当孩子能在较多提示的前提下把这首诗复述下来后，接下来我们就要减少提示内容，增加问题的难度。如：

“两个黄鹂鸣翠柳，下一句是什么？”

“门泊东吴万里船，上一句是什么？”

……

这样多变换几次提问的形式，帮助孩子回忆背过的内容，直到孩子能够完全回忆起来。

再接下来，你就可以省略提示了，直接告诉孩子：“请背诵杜甫的《绝句》。”

通过以上练习，我们就能够帮孩子把需要背诵和记忆的任何内容拆分为“提示”和“答案”两个部分，从而让孩子重复回忆，强化记忆内容。

※ 利用思维导图进行记忆

我们在前文曾提到，人的大脑不仅可以大量地识别各种图像中的信息，记忆的准确率还很高，这就方便孩子记忆和存储大量的知识。而思维导图正好顺应了人类的大脑记忆和图像更容易联系起来的特点，帮助孩子记住大量的内容。

如前文所述，在引导孩子运用思维导图法记忆知识时，首先要找出记忆内容的中心主题，然后围绕这个主题延伸出分支，在每条分支上写一个关键词，从这个关键词再继续延伸。这就是关于中心主题的一个思维导图，而且图画得越生动有趣，孩子记忆得越深刻。

比如，当孩子需要背诵杜甫的诗词时，就可以把“杜甫”作为一个中心主题，然后以此为中心向外延伸，以他的诗词题目为分支，如《绝句》《春夜喜雨》《望岳》《江南逢李龟年》《旅夜书怀》等。一边延伸，一边记忆，不但能记住这些诗句都出自同一诗人之手，还能通过延伸记忆体会诗人在创作时的思想感情，了解诗人的创作特点等。

这种方法可以帮孩子更好地掌握所学知识点之间的联系，尤其在学完一个单元，或者在一个学期结束后，孩子学了很多内容，有时理不清头绪，就会给记忆力带来很大困扰。这时，我们就可以指导孩子运用思维导图法，把所学的内容按每一课重要知识点的脉络画出来，让孩子对着图进行记忆，效果会很好。

※ 运用艾宾浩斯遗忘曲线的规律进行记忆

很多家长应该都听说过艾宾浩斯遗忘曲线，利用这个曲线的遗忘规律，我们知道，在记忆后的 20 分钟内，大脑记住的知识可以保留一半以上；20 分钟之后，就会忘掉一半多了；24 小时后，就会忘记三分之二；一个月后，基本只剩五分之一了。

人类大脑的正常遗忘过程就是这样的，所以不管孩子背诵课文，还是记忆其他学科中的知识，定期的重复强化都是很有必要的。只有定期重复强化，才能记得更牢固。这就像我们学骑车、学游泳一样，在刚开始学会时，必须经常练习，才能越来越熟练；等到完全掌握后，即使过了很长时间，甚至几年、十几年不再练习，也仍然还是记得。

我们在睡眠时，大脑会对记忆的内容进行梳理和组织，所以，我们要引导孩子至少每间隔一天就回忆一遍所学内容。比如，第一天花 30 分钟记忆，哪怕孩子记得磕磕绊绊也没关系；第二天花 20 分钟进行记忆，记到比昨天更熟一些即可；第三天花 10 分钟记忆，第四天花 5 分钟……

如果课文篇幅较长，30 分钟记不下来，那就让孩子分部分进行：第一天花 30 分钟记第一部分；第二天先用 20 分钟记第二部分，再花 10 分钟回忆第一部分；第三天花 15 分钟记第三部分，再花 15 分钟回忆前两个部分……

如果孩子能养成按时、及时回忆之前记忆内容的习惯，那他们记住的知识就会越来越多，记得也会越来越牢固。

教孩子用思维导图记笔记

课堂笔记是孩子学习的重要方法之一。“好记性不如烂笔头”，很多知识都必须记录在本子上，才更容易帮助孩子厘清听课思路，抓住课堂重点，并为日后的复习和查找提供方便。更重要的是，记笔记能让孩子在听课时保持注意力的高度集中，深入理解老师所讲的内容，有利于找出课堂中的重点，提高学习效率。

然而在课堂上，有些孩子听课与记笔记往往会顾此失彼，影响正常的听课过程。尤其是传统的线性笔记都要靠文字记录，而语文课中要记录的文字又很多，如果孩子写字较慢，就容易跟不上老师的节奏。并且线性笔记缺乏重点、关键词等，也没有相应的图像刺激大脑的记忆和理解，缺乏条理，课后复习的效率并不高。

其实，在记语文课堂笔记过程中，知道如何记笔记往往要比记笔记本身更重要。语文学习是以课文为载体的，通过学习课文，孩子不但要积累日后考试的知识点，还要掌握一些解题技巧。所以，语文课堂笔记要记录的知识很多，如作者简介、生字生词、重要段落、文章结构、写作手法、中心思想、课文感悟等等。

面对这些内容，记线性笔记不但耗费时间，理解和记忆的效果也不好。但是，如果我们教孩子学会用思维导图法来记笔记的话，就能避免这些问题，并且在复习时也更加直观、便捷。

在学习用思维导图记笔记时，我们可以先让孩子记住一个"思维导图笔记模型"，在这个模型的基础上，再根据老师讲解的课堂内容适当增加或删减分支数量就行了。这个模型图如图 3-1 所示：

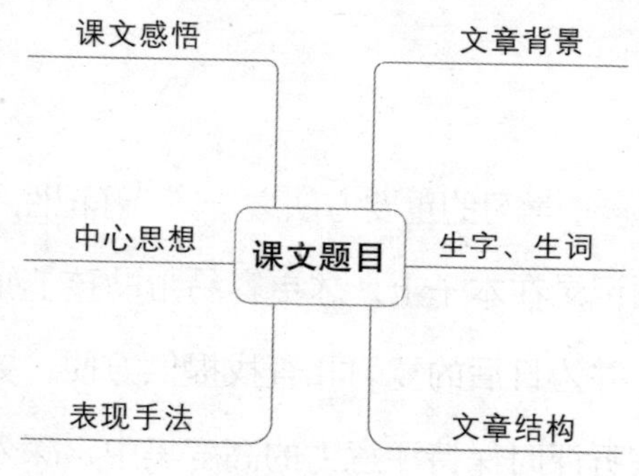

图　3-1

举个例子，我们以课文《燕子》为例，来为孩子做个记笔记的示范。

一身乌黑的羽毛，一双剪刀似的尾巴，一对轻快有力的翅膀，凑成了那样可爱的活泼的小燕子。

二三月的春日里，轻风微微地吹拂着，如毛的细雨由天上洒落着，千条万条的柔柳，红的白的黄的花，青的草，绿的叶，都像赶集似的聚拢来，形成了烂漫无比的春天。这时候，那些小燕子，那么伶俐可爱的小燕子，也由南方飞来，加入这光彩夺目的图画中，为春光平添了许多生趣。

小燕子带了它的剪刀似的尾巴，在阳光满地时，斜飞于旷亮无比的天空，叽的一声，已由这里的稻田上，飞到那边的高柳下了。

另有几只却在波光粼粼的湖面上横掠着，小燕子的翼尖或剪尾，偶尔沾了一下水面，那小圆晕便一圈一圈地荡漾开去。

那边还有飞倦了的几对，闲散地在纤细的电线杆上休憩——嫩蓝的春天，几支木杆，几痕细线连于杆与杆之间，线上停着几个小黑点，那便是燕子。多么有趣的一幅图画呀！

如果孩子用传统的线性方法来记笔记，就会发现这篇课文的知识点很零散，逻辑也容易混乱，而且笔记内容多以长句形式出现，影响孩子的记忆和理解效率。如果我们用思维导图来记的话，就能起到“一图抵千言”的效果。如图 3-2 所示：

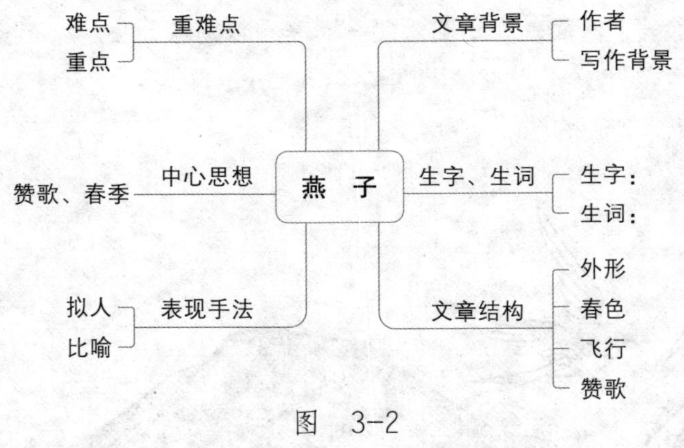

图 3-2

通过上面的思维导图可以看到，用思维导图记语文课堂笔记的方法非常简单，孩子只需要在笔记模型的基础上，根据老师在课堂上所讲的具体内容进行分类，再画成图文并茂的导图就可以了。每次复习时，打开笔记，看到这个思维导图，大脑中马上就能回想起老师在课堂上所讲的内容，同时也能回忆起这篇文章需要重点掌握的内容是什么了。

思维导图让孩子发现阅读之美

我在工作过程中，经常接触到一些家长，其中有不少家长就跟我“吐槽”说，自己家孩子不喜欢阅读，即使在家长的催促下读一些书，也是前面读后面忘。孩子读完一本书后，家长想问问孩子从这本书中收获了什么，孩子要么表现得一脸茫然，要么就简单用一两句话把书中的内容说完了。如果继续追问，孩子就完全说不出什么了。结果，孩子好像读了不少书，可总是达不到预期的阅读效果。

这种方式就属于无效阅读，在孩子年龄较小的时候，可能还看不出这种阅读方式对孩子学习的影响，等孩子大一些后，如果仍然坚持这种阅读方式，就容易在学习和考试中吃亏。

阅读是学习的基础，不管是学习语文，还是学习其他科目，都离不开良好的阅读习惯和阅读能力。提升孩子的阅读能力，既能直接帮孩子提高学习效率，获得大量的知识，还能让孩子更好地认识世界，拓展思维，养成独立思考的习惯，提升语言表达能力。

不过，阅读并不是说孩子读几本绘本、几本小说就可以了，阅读的目的应该包括很多方面，比如：

◆ 理解文章与题目的关系，看文章的标题是揭示了文章的内容，还是点明了文章的中心，或者是表明了作者的写作思路。

◆ 给文章分段，概括每段的段意，看看文章是从几个部分进行叙述的。

◆ 概括文章的主要内容，归纳中心思想，弄清作者的写作意图。

只有在阅读过程中完成以上几个问题，才算真正达到了阅读的目的，阅读也才更有意义。

但是，很多孩子都做不到这几点，或者说不想做这些，结果导致阅读效率低下，语文学习也受到影响。

那么，有没有好的办法解决这个问题?

当然有，那就是引导孩子掌握正确的阅读方法，带着好奇心和自主意识去所阅读的文章中寻找关键信息，理解各知识点之间的逻辑关系，感受作者在表达方面的技巧与策略，了解文章的内在意义和感情色彩，掌握作者通过文章表达出来的中心思想，从而真正“吃透”文章，发现阅读的乐趣。而思维导图就是帮助孩子提升阅读能力、发现阅读之美，并能让阅读成果得以展现与保存的一种非常有效的“阅读利器”。

在引导孩子用思维导图来阅读时，我们可以按照下面几个步骤进行：

※ 找出文中的关键词和重点句

在让孩子阅读时，先让孩子通读一遍文章，找出其中的关键词和重点句，这就相当于找出了思维导图的中心主题。接着，再引导孩子从前文介绍的 8 种思维导图中选择合适的一种，将主干搭建起来，在脑海中形成整体的导图结构。

比如，小学课文中有一篇老舍先生的文章《草原》，如下文：

这次，我看到了草原。那里的天比别处的更可爱，空气是那么清鲜，天空是那么明朗，使我总想高歌一曲，表示我满心的愉快。在天底下，一碧千里，而并不茫茫。四面都有小丘，平地是绿的，小丘也是绿的。羊群一会儿上了小丘，一会儿又下来，走在哪里都像给无边的绿毯绣上了白色的大花。那些小丘的线条是那么柔美，就像只用绿色渲染，不用墨线勾勒的中国画那样，到处翠色欲流，轻轻流入云际。这种境界，既使人惊叹，又叫人舒服，既愿久立四望，又想坐下低吟一首奇丽的小诗。在这境界里，连骏马和大牛都有时候静立不动，好像回味着草原的无限乐趣。

我们访问的是陈巴尔虎旗。汽车走了一百五十里，才到达目的地。一百五十里全是草原。再走一百五十里，也还是草原。草原上行车十分洒脱，只要方向不错，怎么走都可以。初入草原，听不见一点儿声音，也看不见什么东西，除了一些忽飞忽落的小鸟。走了许久，远远地望见了一条迂回的明如玻璃的带子——河！牛羊多了起来，也看到了马群，隐隐有鞭子的轻响。快了，快到了。忽然，像被一阵风吹来似的，远处的小丘上出现了一群马，马上的男女老少穿着各色的衣裳，群马疾驰，襟飘带舞，像一条彩虹向我们飞过来。这是主人来到几十里外欢迎远客。见到我们，主人们立刻拨转马头，欢呼着，飞驰着，在汽车左右与前面引路。静寂的草原热闹起来：欢呼声，车声，马蹄声，响成一片。车跟着马飞过小丘，看见了几座蒙古包。

蒙古包外，许多匹马，许多辆车。人很多，都是从几十里外乘马或坐车来看我们的。主人们下了马，我们下了车。也不知道是谁的手，总是热乎乎地握着，握住不散。大家的语言不同，心可是一样。握手再握手，笑了再笑。你说你的，我说我的，总的意思是民族团结互助。

也不知怎的，就进了蒙古包。奶茶倒上了，奶豆腐摆上了，主客都盘腿坐下，谁都有礼貌，谁都又那么亲热，一点儿不拘束。不大一会儿，好客的主人端进来大盘的手抓羊肉。干部向我们敬酒，七十岁的老翁向我们敬酒。我们回敬，主人再举杯，我们再回敬。这时候，鄂温克族姑娘们戴着尖尖的帽子，既大方，又稍有点儿羞涩，来给客人们唱民歌。我们同行的歌手也赶紧唱起来。歌声似乎比什么语言都更响亮，都更感人，不管唱的是什么，听者总会露出会心的微笑。

饭后，小伙子们表演套马、摔跤，姑娘们表演了民族舞蹈。客人们也舞的舞，唱的唱，并且要骑一骑蒙古马。太阳已经偏西，谁也不肯走。是啊！蒙汉情深何忍别，天涯碧草话斜阳！

作者通过第一次访问大草原时的所闻、所见、所感，描绘了草原美丽的风光和蒙古族人民热情好客的场景，表现了草原之美、民俗之美。通过让孩子快速阅读，可以马上确定这篇文章的中心主题，即“草原”或“草原之美”。

※ 完善分支，补充主干内容

在搭建好主干后，接下来就要从文章中寻找与主干有关的内容，作为主干的分支，逐渐把每一个主干后面的内容都补充完整。

比如，在《草原》这篇文章中，在“草原”或“草原之美”

这个中心主题下面，就可以延伸出“作者信息”“故事梗概”“文章写法”“情感升华”等几个主干，然后再针对每一个主干完善分支。

如针对第一个主干“作者信息”部分，就可以对作者“老舍”的信息进行完善和展开，包括原名、籍贯、代表作等。

针对第二个分支“故事梗概”部分，则对故事进行展开，包括故事的时间、地点、人物、事件、结果等。

针对第三个分支“文章写法”部分，有时可能不能从文章中直接找到，需要孩子自己阅读后分析，或者听老师在课堂上的讲解。在《草原》这篇文章中，作者是按照地点顺序来写的，同时还采取了动静结合的写法，既写了草原风景的“静”，又写了草原上羊群、马群、河流的“动”，动静结合，展现出了草原之美。

针对第四个分支“情感升华”部分，则需要引导孩子用心揣摩作者的写作用意，或者仔细体会读完文章之后的感受。在《草原》这篇课文中，我们可以引导孩子体会一下，作者是如何通过语言文字展开想象的，以及作者通过运用哪些优美的语句展现了草原美丽的自然风光，抒发了对大自然的热爱、对祖国的热爱，等等。

※ 整体思考，让孩子从全局把握文章

在梳理完思维导图之后，最后一步，就是引导孩子从整体上全面、系统地思考，看看文章中还有没有互相关联或想要突出的其他重点。如果有，也可以表现在图形当中，使思维导图更加完整、直观。

通过以上的介绍我们会发现，思维导图能通过图文并茂的发散

性思维，帮助孩子清晰地梳理出所阅读文章的逻辑关系，使关键词和中心主题更加聚焦。如果再加上丰富的图案和色彩，就能更加充分地激活孩子的大脑兴奋度，增强记忆力和理解力，让阅读变得有趣而高效。

边画图，边背诵

在学习语文过程中，背诵是一项“基本功”，甚至是拉开孩子学习成绩的关键因素之一。那些不擅长背诵的孩子，在学习和考试中往往很吃力，难以取得好成绩。而且，背诵对加深理解课文大有帮助，还能积累写作素材，提高语文学习的素养。可以说，背诵是学好语文不可缺少的一步。

说到这里，有的家长可能会感到不解：“你前文不是说学习不能靠死记硬背吗？这里又说背诵对学习很重要，这不是前后矛盾吗？”

我要强调的是，背诵不等于死记硬背。有些孩子拿过一篇课文便一遍接一遍地读，试图通过读熟把课文背下来，这是不可取的。真正有效的背诵应该讲究方式方法，这样才能事半功倍，提高背诵效率，只有最笨的背诵方法才是死记硬背。

我在多年的工作经验中，也总结了一些颇为有效的背诵方法，其中我认为最有效的方法就是边画图边背诵，也就是让孩子在要记忆的内容旁边画一幅图或做些小标记，帮助自己增强记忆。

比如，有一位妈妈在辅导孩子学习和记忆《望庐山瀑布》这首诗时，就引导孩子画了一幅画：

日照香炉生紫烟，［先画一个太阳（日），再给太阳画两只手，其中一只手拿着一个罩子，罩子里画有一只香炉，上面正冒着紫烟。］

遥看瀑布挂前川。［太阳的另一只手拿着一个望远镜（遥看），正在向前看，前面的山川上挂着一条瀑布］

飞流直下三千尺，［瀑布的流水从上而下，意为飞流，瀑布前方画个标尺，标上“三千尺”］

疑是银河落九天。［画一个大大的问号（疑），问号旁画一条河（银河）］

运用这种方式来记忆，不但增加了孩子背诵课文的趣味性，还帮孩子加深了对所要记忆内容的理解。

在孩子的语文课本里，有不少文章和古诗中都配有相应的图画，有的没有插图的，我们也可以让孩子根据文章的内容与意境自己动手来画图配文，如《敕勒歌》《望天门山》《钱塘湖春行》等。根据图画来记忆，图文结合，就能快速地借图成诵。

除了这种方法外，还有几种方法也很适合孩子在学习语文中进行背诵：

※ 先写画，再背诵

一般来说，语文老师在讲完课文后，为了加深孩子对课文的理解，才会要求孩子背诵课文。在老师讲课过程中，多数孩子都能掌握课文的内容，在这一前提下，我们在辅导孩子时，就可以先让孩子把课文的内容写一写、画一画，这样不但能帮孩子厘清背诵思路，还能让孩子通过自己描画出来的事物回忆起所要背诵的内容。

比如，在小学三年级的语文课本中，有一篇名为《秋天的雨》的课文：

秋天的雨，是一把钥匙。它带着清凉和温柔，轻轻地，轻轻地，趁你没留意，把秋天的大门打开了。

秋天的雨，有一盒五彩缤纷的颜料。你看，它把黄色给了银杏树，黄黄的叶子像一把把小扇子，扇哪扇哪，扇走了夏天的炎热。它把红色给了枫树，红红的枫叶像一枚枚邮票，飘哇飘哇，邮来了秋天的凉爽。金黄色是给田野的，看，田野像金色的海洋。橙红色是给果树的，橘子、柿子你挤我碰，争着要人们去摘呢！菊花仙子得到的颜色就更多了，紫红的、淡黄的、雪白的……美丽的菊花在秋雨里频频点头。

秋天的雨，藏着非常好闻的气味。梨香香的，菠萝甜甜的，还有苹果、橘子，好多好多香甜的气味，都躲在小雨滴里呢！小朋友的脚，常被那香味勾住。

秋天的雨，吹起了金色的小喇叭。它告诉大家，冬天快要来了。

小喜鹊衔来树枝造房子，小松鼠找来松果当粮食，小青蛙在加紧挖洞，准备舒舒服服地睡大觉。松柏穿上厚厚的、油亮亮的衣裳，杨树、柳树的叶子飘到树妈妈脚下。它们都在准备过冬了。

秋天的雨，带给大地的是一曲丰收的歌，带给小朋友的是一首欢乐的歌。

孩子在背诵之前，我们就可以通过问题来引导和提醒孩子思考，比如：“我们先来写一写，秋天的雨都有哪些特点？”“秋天的雨，是一把钥匙，它带着什么，把秋天的大门打开了？”“秋天的雨，有一盒五彩缤纷的颜料，它把黄色给了什么？把红色给了什么？”

通过这些问题引导孩子思考，同时根据“秋天的雨”的不同特征，让孩子画出图 3-3：

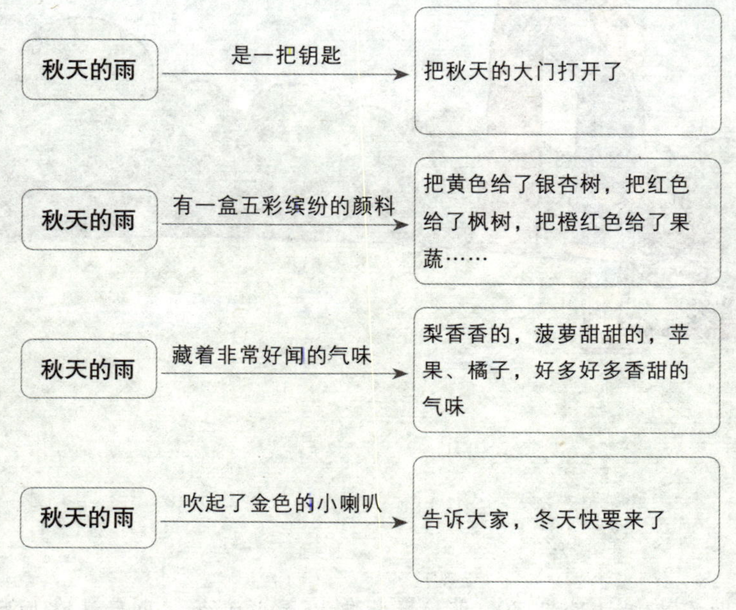

图 3-3

这样画一画、写一写，梳理清晰文章的思路后，再让孩子按照这个思路来背诵课文，孩子就不会觉得背诵课文很困难了。

※“点线面法”背诵

还有一种方法，就是在背诵前，先让孩子厘清文章的脉络，然后提炼出各层次的关键词、重点句子作为背诵的关键。

比如，有些文章的段落里会有表示人物形象的形容词、动词等，这时我们就可以让孩子把这些词按先后次序排列起来，然后把它们当成一个个的“点”，再将这些“点”用课文中的话连起来，成为一条“线”，再将“线”连起来，成为一个“面”，从这些“点”“线”“面”

展开记忆，背诵课文。

简单来说，这是一种按照文章写作线索的顺序，把全文主要内容联系起来背诵的方法。比如，小学三年级语文课本中有一篇名叫《花钟》的课文，其中有一段需要背诵的内容：

鲜花朵朵，争奇斗艳，芬芳迷人。要是我们留心观察，就会发现，一天之内，不同的花开放的时间是不同的。凌晨四点，牵牛花吹起了紫色的小喇叭；五点左右，艳丽的蔷薇绽开了笑脸；七点，睡莲从梦中醒来；中午十二点左右，午时花开放了；下午三点，万寿菊欣然怒放；傍晚六点，烟草花在暮色中苏醒；月光花在七点左右舒展开自己的花瓣；夜来香在晚上八点开花；昙花却在九点左右含笑一现……

这段我们就可以先让孩子画出作者的写作线索，然后再按线索来背诵，其线索为：

“凌晨四点”——“五点左右”——“七点”——“中午十二点左右”——“下午三点”——“下午五点”——“七点左右”——“晚上八点”——“九点左右”

按照这条线索，让孩子逐句背诵，既能减少背诵难度，还能避免遗漏和文字颠倒的现象。

总而言之，背诵是学习语文必不可少的一步，掌握了以上几种背诵方法，不但能鼓励孩子练习自己背诵，还能锻炼孩子的思维能力和理解能力，学会梳理文章逻辑，并且图文并茂的背诵方式也能激发孩子的学习兴趣，满足大脑的思维喜好，从而更快速、更准确地记忆所学内容。

用思维导图画出课文逻辑关系

孩子要想学好语文，就一定要把课本知识学好。俗话说：“万变不离其宗。”语文的“宗”就是课本中的课文。一篇课文看上去似乎没什么特别的地方，但其中却包含了生字、生词、成语、句子，以及词语的运用、段落的分析、写作的方法等，这些都是需要孩子掌握的内容。除此之外，还有古诗词、文言文的字词与句式等，绝大多数也都需要从语文课本上学到。所以，要学好语文，孩子就必须要把课文“吃透”。

前文我们曾提到，要把一篇文章学透，首先一定要对文章内容进行整体把握。具体来说，就是先厘清课文的思路，这是作者在写作时思维发展的线索，在课文中主要体现为各个部分之间的内在联系，也就是课文的脉络。一般来说，课文的思路主要体现在课文的结构上，只要我们引导孩子划分清楚课文的结构，找出各部分之间的联系，就能把握课文的整体思路。

其次，我们还要让孩子准确地找出课文中的重点段落和重点词语，并联系上下文，对课文进行整体的思考与分析。在弄清每一段的含义和要点后，再将内容相关的段落归纳成为一部分，总结出每段的大意，最后再将每段的大意进行归纳，总结出课文的中心思想。

经过以上几步，孩子基本就能弄懂并掌握一篇课文了。

不过，我在这里要推荐另一种更快地理解和弄懂一篇课文的方法，就是思维导图。我们以《金色的草地》这篇课文为例，看看如何用思维导图画出一篇课文的段落逻辑关系。

我们住在乡下，窗前是一大片草地。草地上长满了蒲公英。当蒲公英盛开的时候，这片草地就变成金色的了。

我和弟弟常常在草地上玩耍。有一次，弟弟跑在我前面，我装着一本正经的样子，喊："谢廖沙！"他回过头来，我就使劲一吹，把蒲公英的绒毛吹到他脸上。弟弟也假装打呵欠，把蒲公英的绒毛朝我脸上吹。就这样，这些并不引人注目的蒲公英，给我们带来了不少快乐。

有一天，我起得很早云钓鱼，发现草地并不是金色的，而是绿色的。中午回家的时候，我看见草地是金色的。傍晚的时候，草地又变绿了。这是为什么呢？我来到草地上，仔细观察，发现蒲公英的花瓣是合拢的。原来，蒲公英的花就像我们的手掌，可以张开、合上。花朵张开时，它是金色的，草地也是金色的；花朵合拢时，金色的花瓣被包住，草地就变成绿色的了。

多么可爱的草地！多么有趣的蒲公英！从那时起，蒲公英成了我们最喜爱的一种花。它和我们一起睡觉，和我们一起起床。

这篇课文的主题很明显，就是“金色的草地”，通过写兄弟两人在草地上玩耍，发现了草地会变色及变色的原因，赞美了有趣可爱的蒲公英。

接下来，我们就可以和孩子逐段来分析了：

※ 开头：点明主题

在开头部分，“窗前是一大片草地，草地上长满了蒲公英”，直接点明主题，引出了草地和蒲公英。如图 3-4 所示：

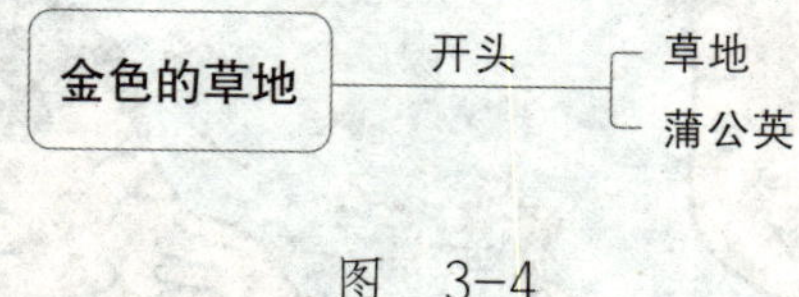

图 3-4

※ 第二段：引出回忆

第二段描写的是一段回忆，简要记述了一件小事，那些并不引人瞩目的蒲公英，给我们带来了不少欢乐。如图 3-5 所示：

图3-5

※ 第三段：有新发现

这一段写了作者的“发现”，也是作者重点描写的段落。作者发现了什么呢？发现草地竟然会变色：早晨的时候是绿色，中午的时候是金色，傍晚的时候又变回了绿色。

草地为什么会变色？作者又找出了原因，原来是蒲公英的花在一天中发生了变化，就像我们的手一样，可以张开、合上。如图3-6所示：

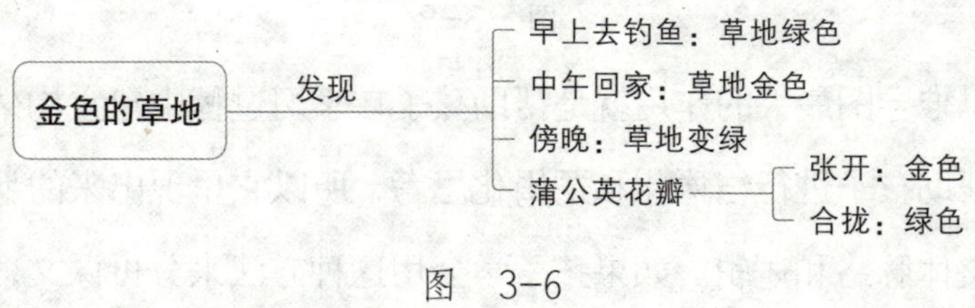

图 3-6

※ 结尾：抒发感想

作者在结尾部分抒发了自己的感受，感觉蒲公英非常有趣，跟我们一起睡觉、一起起床，既呼应了开头，又深化了主题。如图3-7所示：

图 3-7

通过边阅读课文边画图，我们就能帮孩子清晰地掌握课文中每一段的主题与内容、结构，以及引申出来的写作技法等。最后，我们再让孩子把上面四幅思维导图连接起来，就构成了这篇课文整体的逻辑关系图。如图 3–8 所示：

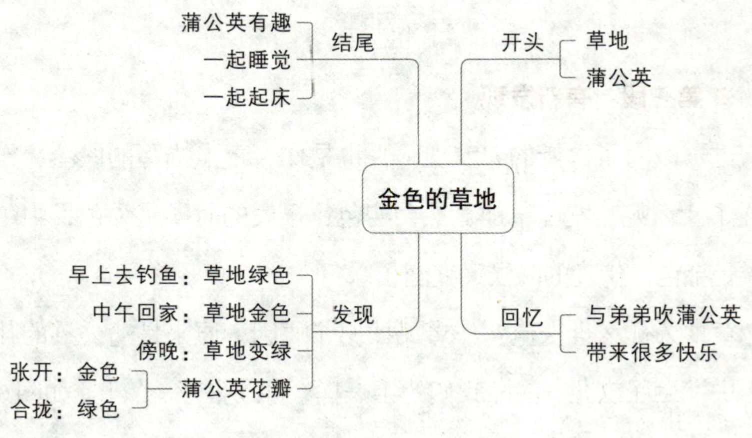

图 3–8

思维导图最大的作用就是帮助孩子在学习过程中建立构架式思维，帮助孩子进行结构化和逻辑化思考，所以它呈现出来的就是课文的整体脉络和逻辑。如果孩子学会用这种方法来分析课文，那么不论遇到什么样的课文，学起来都不会觉得难啦！

写作文时的思考技巧

写作文是孩子学好语文，提高语文成绩必须过的一关，可是很多孩子一说起写作文就头痛不已，要么感觉没内容可写，要么感觉语言表达无力。有的孩子即使在作文中用上了华丽优美的辞藻，却也感觉是在堆砌，逻辑混乱，中心模糊，内容空洞。

要想写出好的作文并不是一朝一夕的事，需要孩子做很多知识的积累，同时还要学会思考，在大脑中建立完整的写作框架。

我在这里给大家分享一个某中学高级语文老师总结的写作方法，相信对家长指导孩子和孩子自学写作都会有很大的帮助。这位老师总结的方法很简单，就是运用思维导图来梳理作文逻辑，构建可视化的写作框架，然后在此基础上从初稿到整理润色，完成整个写作过程。

从这个过程我们可以看出，它共有三个流程：

※ 搭建写作框架

不管孩子写什么类型的作文，搭建框架，构思大纲，都是写作过程中的第一步，也是最关键的一步。有了清晰的框架，孩子在写作时才能做到主次分明、条理清晰。

在搭建框架时，一般包括三个环节：

第一个环节是收集素材。在这个环节，我们可以引导孩子用圆圈图把大脑中能联想到的所有素材都呈现出来，并且引导孩子思考：自己准备的这些素材合适不合适？是不是充分、足够了？

当然，要弄清这两个问题，还要让孩子根据写作主题来决定，即围绕写作主题，孩子该准备哪些与主题有关的内容。

举个例子，假如孩子要以“二十年后的家乡”为主题写一篇作文。围绕这个主题，孩子首先想到的是二十年后身边可能发生的变化，如城市建筑的变化、周围环境的变化、人们生活的变化、身边人物的变化等等。然后，再让孩子把这些能联想到的事物全部列入圆圈图中，暂且不用考虑内容是否都适合写入作文之中，或者具体该怎么写，这些会在后面的步骤中慢慢解决。

第二个环节是分类归纳素材。收集完素材后，这一步我们就要引导孩子对素材进行分类、归纳和整理，也就是从圆圈图中挑出能用到作文当中的素材。

在这个过程中，我们可以让孩子思考一下："我最想写的内容是什么？""针对每一点内容，我能想到哪些相关的信息？"

我们仍然以"二十年后的家乡"这个主题为例，让孩子从圆圈图中挑选出想写的几个重点，比如周围环境的变化、人们生活的变化，然后再用树形图详细列举出每件事的细节信息，便于写作时能把每件事写得更加详细、具体。

第三个环节是梳理写作框架。通过前面两步收集素材和整理素材，孩子已经掌握了能直接用于写作的有效信息，那么下一步就是对这些素材进行系统的整理，根据要写主题的开头、经过、结尾三个步骤来安排内容，搭建起写作的整体框架。

在这个过程中，我们要引导孩子思考三个问题："你在写作时准备采取什么样的顺序？""你怎样在开头部分明确主题？""你怎样在结尾部分表达感受？"思考清楚后，再引导孩子用流程图拟定写作大纲，即明确第一步写什么、第二步写什么……以此类推。

※ 创作初稿

根据画出来的写作框架，孩子就可以动笔写初稿了。由于有了前期的准备工作，初稿写起来也会主次分明、逻辑清晰。

※ 修改润色

初稿完成后，如果孩子感觉写得有些不太满意的地方，比如语句不够优美、描写不够生动、重点不够突出等，我们可以鼓励孩子对这些地方进行认真修改和调整，让文章更加流畅，语言更加生动。

比如，下面这篇《二十年后的家乡》是一个孩子所写的初稿：

转眼间，二十年过去了，我回到了阔别已久的家乡。

我坐在轿车里，飞驰在高速公路上。突然，一只小鸟从我头上飞过，对我说："早上好！"原来这是一只机器鸟，它正在高速公路上疏导交通呢！

在路过以前臭气熏天的垃圾场时，我发现这里已经变成一片苹果林了。一阵微风吹过，浓浓的苹果香让人神清气爽。道路两旁还种了许多太阳能大树，它们遮住太阳，吸收太阳光，转换成能源让机械运行。

我回到了以前居住的地方，那里已经重新建成了一幢新高楼。楼下只有一个车位，只要车子停在上面，它就会把车子降至地下车库。大楼门口旁边还有一个指纹识别器，人们只要轻轻一按，门就可以打开。

我又来到久别多年的母校。学校门前有几个扫描器，学生要带着身份卡在它上面扫描，之后校门就会自动打开。学校的操场是多功能的，它会根据运动的需要进行变化，有时会变成足球场，有时会变成大游泳池，有时又会变成田径运动场……

看着家乡发生的巨大变化，我高兴万分。

这篇初稿的整体结构和脉络是很清晰的，但语言却不够生动。

孩子对其进行认真修改润色后，就成了下面这篇：

转眼间，二十年过去了，我回到了阔别已久的家乡。

我坐在一辆自动驾驶的轿车里，飞驰在高速公路上。我一边看着电视，一边喝着饮料，惬意极了。突然，一只火红的小鸟在我头上飞过，冲着我高兴地说："早上好！"原来这是一只会说话的机器鸟，它正在高速路上巡视，疏导交通呢！瞧，家乡的公路上面有飞艇、飞行汽车、飞行的房屋……地上还有行驶的汽车、摩托车……没有这些交通鸟还真不行呢！我边看边赞叹着。

在路过以前臭气熏天的垃圾场时，我发现这里已经是一片苹果林了。一阵微风吹过，浓浓果香飘来，让人神清气爽。道路的两旁还种了许多太阳能大树，它们遮住炎热的太阳，吸收太阳光，转换成能源，帮助各类机械运行。

我回到了以前居住的地方，那里已经重新建成了一幢新高楼。咦，楼下怎么只有一个车位？原来，只要车子停在上面，它就会主动把车子降至地下车库。大楼门口旁边还有一个指纹识别器，住在这幢楼的人，只要轻轻一按，门就能打开。如果是访客，没有主人的帮助，门是打不开的；如果是坏人，它还能自动报警。

我又来到久别多年的母校。学校门前有几个扫描器，每位学生都会带着一张身份卡，扫描完卡后，校门自动打开。学校的操场是多功能的，能根据运动的需要不断变化，有时会变成足球场，有时会变成大游泳池，有时又会变成田径运动场……简直太神奇了！

看着家乡发生的巨大变化，我高兴万分。我相信随着科技的发展，家乡一定会变得更美好，人们也会生活得更幸福！

很明显，这篇经过润色后的作文读起来更加生动、形象，一幅二十年后的家乡图也展现在我们面前。

总之，写作不但是一种思维过程，也是一个思维结果的呈现。将思维导图用于写作上，可以很好地帮助孩子打开思路，厘清写作脉络，让写作变得更有章法、更有内容。

第四章

巧用思维导图，摆脱数学的“题海战术”

数学这门学科最大的特点就是知识点比较抽象，要学好数学，不但需要孩子掌握正确的学习方法，还要运用好自己的逻辑思维。而思维导图作为一种可视化的思维工具，能够非常有效地帮助孩子梳理各类数学知识点，加深对数学概念、公式及解题思路的理解，从而摆脱靠“题海战术”学数学的方法，真正养成数学思维。

轻松理解抽象的数学概念

数学是依据一整套的抽象概念和基本公式等来运转的，大量的教学实践证明，孩子只有正确地理解和使用这些概念，才能掌握数学基础知识，对各类数学问题做出正确的判断和推理，并提高运算和解题能力，打好数学基础。

我曾经跟一些优秀的数学老师沟通学好数学的方法和技巧，这些老师的普遍反馈是：孩子要想清晰透彻地理解抽象的数学概念，首先就要从掌握数学语言开始，因为数学语言是体现数学思想和理念的专用语言。数学语言的基本特征是准确、精练、严密，尤其是字母表示数的应用和数学的符号化，更让数学语言与日常用语有了明显的区别。

那么，我们怎样才能帮孩子读懂数学语言，轻松地理解数学概念呢?

根据我的经验，我认为可以从以下几个方面来帮助孩子：

※ 引导孩子认真推敲数学概念中的关键词

比如，数轴的定义为：规定了原点、正方向和单位长度的直线叫作数轴。这一定义中的关键词就包括“原点”“正方向”“单位长度”等，如果孩子忽略了这几个关键词，理解这一定义就会比较吃力。

※ 引导孩子弄清各类概念之间的联系和区别

各类数学概念都不是孤立的，彼此之间存在着横向和纵向的关系。横向关系多表现为并列关系，这时需要孩子利用对原有概念的理解来区分易混淆的概念；纵向关系多表现为从属关系，需要孩子对概念进行系统归纳，明确概念的联系与区别。

比如，角平分线与内角平分线、相似形与位似形、方根与算术根、轴对称与轴对称图形等，这些概念由于形成过程相似，或者概念内的词语相似，很容易混淆，但它们之间又有一定的区别，如：角平分线和内角平分线虽然都是平分一个角，但却有射线和线段之分。如果孩子不能清晰地理解这些抽象的概念，在应用它们解题时就容易出现错误。

其实，为了帮助孩子更好地理解抽象的数学概念，还有一个好方法，就是思维导图。思维导图不但将数学概念中的关键词与图像联系起来，让抽象的思维过程可视化，有利于孩子记忆，还能在各关键词之间，以及新旧知识之间，建立起相应的联系，有助于孩子对概念中各关键词的理解，同时便于对新旧知识的整合。这样一来，孩子对数学概念有了深入的理解，再复习和解题时就能节省大量时间，提高学习效率。

举个例子，在学习图形计算时，孩子对各图形的定义、公式等理解起来容易混淆，运用起来也容易出错，这时，我们就可以引导孩子用思维导图来理解和记忆（如图 4-1 所示）。

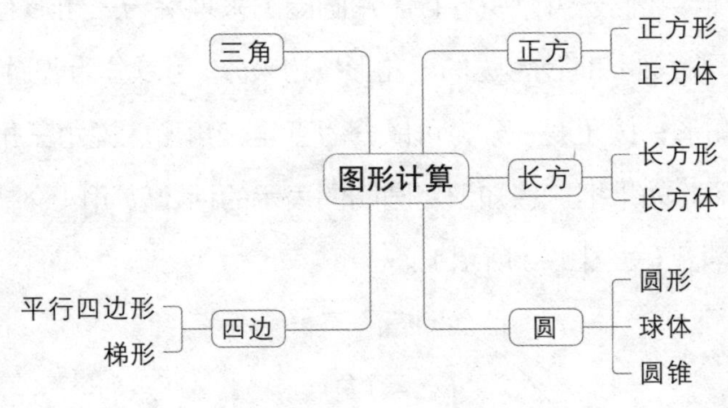

图 4-1

根据这个思维导图上对各类图形的分类，我们再让孩子将不同形状、形体的概念和相应的计算公式分别补充在后面，比如在了解正方形和正方体的概念、公式，可以这样补充。

正方形：有一组邻边相等且有一个角是直角的平行四边形叫作正方形。

正方体：用 6 个完全相同的正方形围成的立体图形叫正六面体，

也称立方体、正方体。

再把正方形和正方体的公式用思维导图表示出来（如图 4-2 所示）：

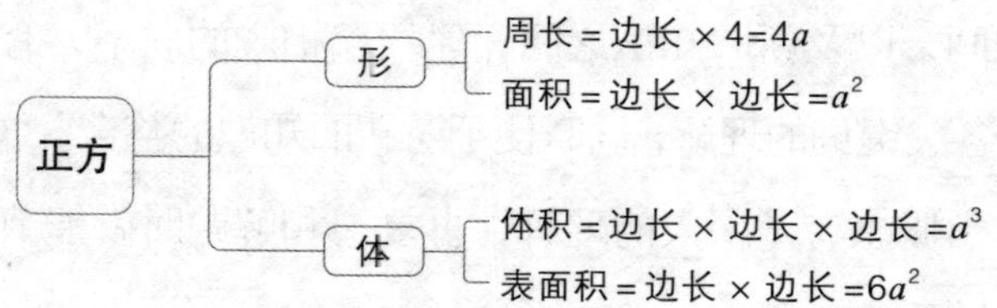

图 4-2

通过这个思维导图，孩子就能分清正方形与正方体的区别与联系了。

同样，我们还可以引导孩子用圆圈图来理解与三角形有关的概念和知识。我们知道，常见的三角形按边来分，可以分为普通三角形、等腰三角形；按角度来分，可以分为直角三角形、锐角三角形和钝角三角形。如果把这些知识用圆圈图表示的话，就可以绘制出下面这样的导图（如图 4-3 所示）。

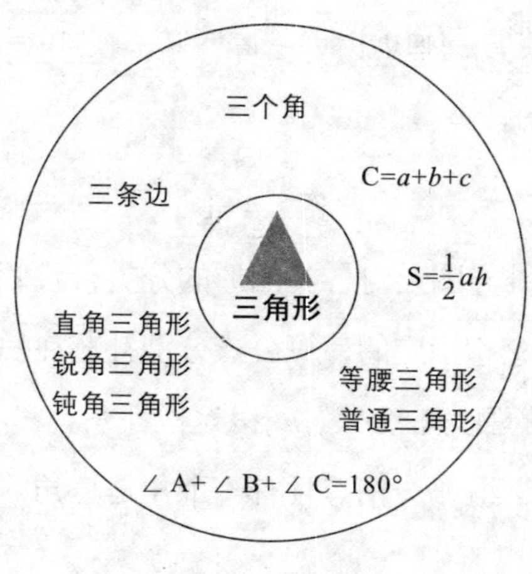

图 4-3

通过这个圆圈图，孩子就可以明白：三角形都有三条边、三个角，周长都是三条边之和，面积都是底与高乘积的一半，三个内角之和都是180度。这样一来，孩子对“三角形”的概念就有了清晰的理解，之后再解答与三角形有关的题目也就容易多了。

除此之外，我们也可以和孩子一起对其他数学概念绘制思维导图。在画图时，同样先要选择一个核心概念作为中心主题，然后再从定义、公式、法则等几个方面进行思考、发散、扩展，帮助孩子可视化地梳理这些概念。

需要注意的一点是，在绘制思维导图时，一定要力求简洁、美观，多使用图形和符号，便于孩子区分和记忆，同时也能增加孩子的学习兴趣。对于分支概念，也可以单独画图加以发散，这样不但能让孩子在整体上有所把握，还能在细节上更好地认识和理解。

为了增加孩子的学习兴趣，我们还可以鼓励孩子在画完思维导图后，与自己的同学、朋友进行交流和分享，以便吸取别人的经验，发现自己的不足，激发孩子的学习积极性。

归纳思维，轻松掌握课堂知识点

在数学这门学科中，包含有大量复杂的知识点，孩子学习时，如果不能掌握恰当的方法，掌握起来会感觉很难。所以在上课时，老师往往都会不断提醒孩子，一定要掌握课堂知识点，遇到不懂的就问，要当堂把内容“消化”掉。

但是，总有些孩子对课堂知识掌握得不够好，或者说不知道怎样才能更好地掌握课堂知识，结果听完课后，很快就忘记了老师所讲的内容，解题时也不会灵活地运用课堂上学过的知识点。

有一次，我的孩子在写数学作业时，我就发现他不停地翻课本和课堂笔记，而且写了很长时间还没写完。我就过去问他，是不是写作业遇到困难了？他告诉我说，有两道题跟老师在课堂上讲的例题很相似，但自己在解题的时候却想不起老师怎么讲的了，思路很乱，只能回去翻课本和课堂笔记，看看课本上和老师在课堂上都是怎么讲的。

我相信，一定有很多孩子在写数学作业时遇到这样的问题：明明老师讲课时听懂了，也认真地记了课堂笔记，可是写作业解题时就是没思路，或者思路不清晰，这是怎么回事呢？

实际上，这就是孩子在听课时，没有真正“吃透”老师所讲的知识点，对概念、公式、原理等知识的认识也只停留在表面，课后又没有认真归纳整理，结果导致输入大脑中的各类知识都处于混乱状态，运用时自然也没法灵活准确地把知识“提取”出来。

可见，善于对课堂知识点进行分类、归纳和整理，不但能让孩子吸收的知识更有条理，还能提高孩子的思维力。为了对知识进行分类归纳，孩子需要了解各知识的相同点，也需要了解不同点，在这个过程中，就大大加深了对知识的理解，思维也会变得越来越清晰。

要想帮助孩子练习对课堂知识点进行归纳和整理，我为大家介绍一个有效的方法，就是利用归纳思维来进行，而运用归纳思维最好的方法就是思维导图。

接下来，我就教大家运用思维导图来归纳课堂知识点，家长和孩子可以一起学习。

※ 梳理知识中的重点、难点和易错点

绘制思维导图的目的，是让孩子对课堂中的知识点进行梳理，以便加深对知识的理解和记忆。但在整理前，孩子需要先把知识中的重点、难点和易错点分出来，知道哪些知识是需要重点掌握的，哪些知识是需要反复复习或再请老师讲解的，哪些知识是容易出错的点，需要自己多注意的。

梳理出来后，再根据当堂课中所讲的主题内容或中心点，按

重点知识、难点知识和易错点知识建立起思维导图的框架，为思维导图增添分支，再根据自己梳理出来的知识点，分别填入思维导图当中。

比如，在学习分数这部分内容时，关于“分数的大小”就是数学学习中的一个重点和难点，这时在听完老师在课堂上的讲解后，我们就可以让孩子专门针对这部分知识归纳整理出一幅思维导图。通过绘制这幅图，既能帮助孩子将“分数的大小”这部分知识彻底理解和掌握了，还能锻炼孩子的归纳、分类思维，可谓是一举两得。

※ 对每个单元的知识进行总结归纳

在每学完一个单元后，老师通常都会带领学生进行单元总结。有的孩子很细心，在老师总结知识点时会认真记录，课后再认真整理；有的孩子就不太注意老师的总结，“过目就忘”，哪怕是做笔记了，也是写完就拉倒，更别说灵活运用了。

如果你的孩子属于后一种，那就要上心了。孩子的这种学习态度和学习方法不仅会影响他日常作业的完成，更影响整个学习过程的学习效率。

所以，在孩子每学完一个单元的知识后，不论老师是否带领孩子进行了单元总结，我们都要让孩子将分散在各章节的知识点总结归纳一下，再将这些知识点连成线、铺成面、结成网，使之系统化、规律化、结构化，这样孩子运用起来才能得心应手。

一般来说，数学课中的单元总结主要包括：

◆ 本单元的基本概念、定理、公式、法则等；

◆ 本单元的各种解题思路和解题方法，都以典型例题的形式将其表达出来；

◆ 本单元中做错的典型题目应记录下来，并分析错误原因及给出正确答案；同时还要记录下比较好的例题及解题方法等。

要注意的是，我们在让孩子对一些知识点进行归纳总结时，一定要以孩子为主角，而不是我们自己帮孩子一字一句地整理，然后再交给孩子，让孩子去抄写、背诵。孩子没有参与整理过程，没有经过认真的思考和体会，就理解不了这些知识的特点，就算是一字不差地背下来，到实际运用时也不一定会用。这样一来，你的辛苦就等于白费了，对孩子没有多大的帮助。

当然，在刚开始学习总结归纳时，孩子可能摸不到头脑，我们可以帮孩子开个头，然后鼓励孩子模仿或参考我们的总结。比如，在复习总结数学中“分数与百分数”这部分内容时，我们就可以先帮孩子整理一个思维导图的大概框架，然后让孩子根据我们的思路进行详细的内容总结（如图 4-4 所示）：

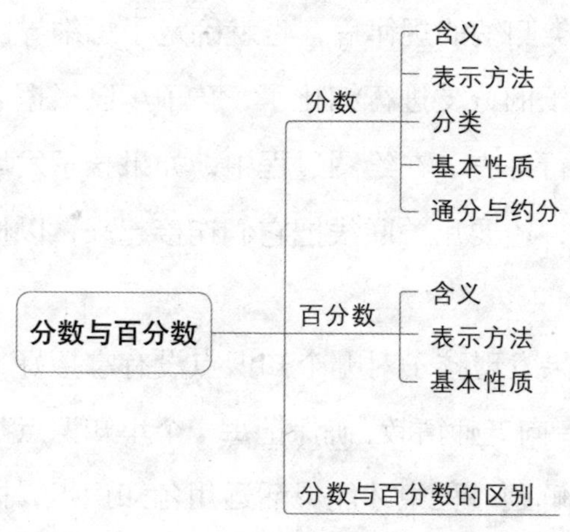

图 4-4

列出框架后，你可以让孩子根据自己学过的内容，通过自己的分析和理解，用自己的语言将导图填写完整。在这个过程中，如果孩子有些内容不理解或没掌握好，我们就和孩子一起探讨一下，直到将每个知识点都吃透，这样的归纳才更有意义。

※ 按知识点的属性或规律进行归纳

除了运用梳理知识点的重点、难点、易错点的方法来绘制思维导图，对课堂知识点进行归纳外，我们还可以教孩子按照知识点的属性或规律来进行知识归纳。

这种方法的重点是寻找知识点的规律，比如，在学习“平面图形”这部分内容时，老师肯定会为孩子讲解各种平面图形的性质、特点等。这时，我们就可以让孩子来找不同平面图形的属性或规律，如：按“边长相等”这个属性来分类归纳的话，有等边三角形、正方形、正多边形等；按“内角相等”这个属性来分类归纳的话，有等边三角形、正方形、长方形、正多边形等。

确立了分类归纳的规律后，也就确定了思维导图的主干，接下来就是对主干的分支进行细化了，孩子可以根据老师在课堂上讲解的内容进行补充。在绘图过程中，如果孩子发现哪些知识点之间还有关联，还要用关联线把它们连接起来，以便形成系统的知识结构。

同时，如果发现孩子对哪个知识点没有掌握好，还要让孩子翻看课本，或者向老师请教，确保把每一个小知识点都弄懂、吃透，这样在之后的解题过程中才能灵活运用各知识点，同时在以后的考试中，孩子还可以将其作为很好的复习资料，帮助孩子高效地复习。

善于归纳常见题型的规律性

很多孩子在解数学题时，往往是拿起题目就闷头解，根本不对题型进行分析思考。这样不但费时费力，还容易中命题“陷阱”，既浪费时间，解题效率又低。

其实，很多常见题型都是有规律可循的，孩子要想快速准确地解出一道题，关键是要寻找该题型具有哪些规律，观察已知条件和问题之间的内在联系，然后再寻找解题角度，找到解题方法。

比如，孩子在列方程解应用题时，首先就要审清题意，找准其中的各种等量关系，再选择未知数，并表示所需要的量。只要孩子把等量关系中的各量都一一表示出来，再根据彼此之间的关系，方程自然就列出来了。

我曾听过不少孩子反映，自己最讨厌做的数学题就是应用题，我的孩子以前也常跟我抱怨，说自己不喜欢解应用题。其实，当孩子做过一定数量的应用题后，就应该学会对各类应用题中所涉及的知识、解题方法和思路等进行归纳，总结出同类题型的解题规律，从而举一反三，对类似的题型一目了然。这样，孩子在学习中就能节省大量的解题时间。

孩子在归纳常见题型时，也是有方法和技巧的，其中一个非常好用且有效的方法，就是利用思维导图来进行。我以前在教我的孩子解题方法时，就教他学习用思维导图对数学中常见的题型进行分类、整理和归纳，并对各类题型的解题思路进行分析。当孩子能够自行分析出相同题型的常见解法后，不管这类题型再怎么变化，孩子也不用担心了。

比如，在小学数学当中，有一类“方阵问题”的应用题，这类应用题的内容通常是把若干人或物体按照一定的条件排成方阵，然后根据已知条件来求总人数或总物数。如果我们跟孩子一起分析一下，就会发现，这类应用题一般包括三种类型，分别为单层方阵、实心方阵和空心方阵。单层方阵比较容易理解，多数情况下就是求四周的人数、每条边上的人数等。实心方阵同样有核心公式，一般会求每层数、每边数、物体总数等。空心方阵也有自己的核心公式，如求外层每边数、每层数、内层数、人或物体的总数等。

方阵问题的解题思路根据方阵类型的不同而不同。实心方阵的解法就是以每边的数自乘；空心方阵的变化较多，解题方法要根据实际情况来确定。

在归纳这类题型的规律性时，我们就可以让孩子学着利用思维导图来进行，如图 4-5 所示：

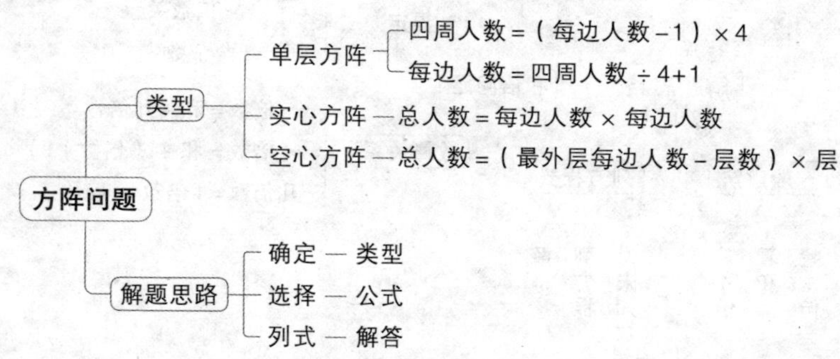

图 4-5

当孩子的大脑中有了这样一幅图后，再遇到关于方阵的应用题时就不用担心了，因为孩子已经掌握了这类题型的规律和解题思路，面对问题时也可以“手到擒来”。

同样，对于其他类型的应用题，我们也可以让孩子用思维导图归纳出来，比如小学阶段常见的植树问题、相遇问题、鸡兔同笼问题、和差问题、行程问题等。在归纳过程中，其实也是孩子对学过内容的一次复习与总结。在画思维导图时，我们还可以让孩子把一些比较典型的例题填入其中，便于日后复习时参考。

我们再以一个简单的“和倍问题”来举例，看看这类问题该怎样用思维导图来归纳。

在画图前，我们先和孩子一起来梳理一下和倍问题的思路：

首先，我们先让孩子明白，什么是和倍问题；其次，再看和倍问题中会用到哪些数量关系，比如一倍数、几倍数等；最后，这类题型的解题思路是什么。通过这三个主干，就可以把和倍问题分析清楚了。如图 4-6 所示：

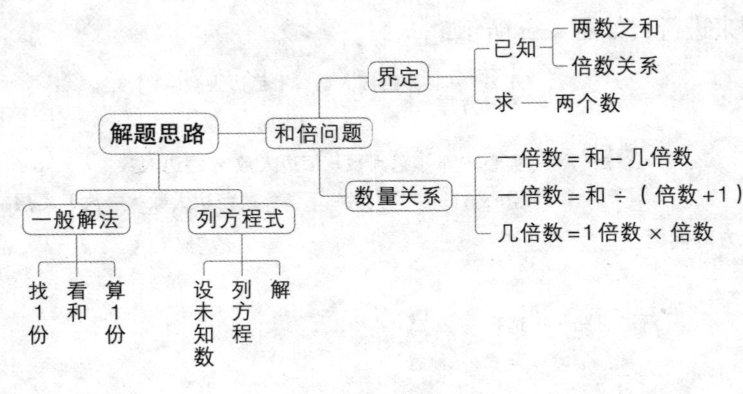

图 4-6

总而言之，在利用思维导图归纳常见应用题题型的规律时，一般都需要先明确问题，即这道题目属于哪类题型，是和差问题，还是和倍问题？是行程问题，还是相遇问题？接着，再梳理题目中基本的数量关系，弄清楚各数量之间存在着哪些关联；最后，再去梳理和归纳解题思路。这样一来，孩子对题目的理解就清晰了。以后再遇到同类的应用题，只要套用基本的数量关系和解题思路，就能轻松地把题目解答出来。

引导孩子用思维导图来解题

如果我们经常辅导孩子学习或写作业，就会发现，很多孩子在写数学作业时，都会在综合题、应用题上花费很多时间和精力。孩子不但解题速度慢，出错率也比其他题型高。这主要是由于孩子对题型的理解能力较差，对已知条件理解不清，对一些问题又理不清思路，导致解题能力不强。

但是，综合题、应用题等题型又是孩子数学学习中的重点，如果孩子对这类题型的解答能力较弱，还会直接影响以后物理、化学等其他相关学科的学习。

面对孩子的这种学习状况，我们除了要监督孩子打好数学基础，夯实基本的解题方法外，最主要的就是和孩子一起厘清解题思路，寻找解题的方法和窍门。

一般来说，解答综合题、应用题的步骤可以分为三步：

◆ 审题，弄清题意。

◆ 确定解法，开始列算式。

◆ 得出答案或结论。

在这三步当中，第一步的审题非常重要。如果孩子审题不清，没有完全理解题意，或者根本没有认真读题，就容易领会错题意，导致一步错，步步错，后面结论自然也是错的。所以，正确地读题、审题，是解题的关键所在。

我在辅导孩子解数学题时，通常至少让孩子把题目读三遍。那么，这三遍分别都怎么读呢?

第一遍，先让孩子粗略地读，弄清题目的大致意思，知道题目属于哪类题型；

第二遍，让孩子理解性地读，要读准确，不漏字，不添字，也不破句，还要读懂，知道题目中已知的条件及各数量间的关系，同时注意撇去那些混淆题意的条件、文字等；

第三遍，分析性地读，必要时还要画出线条、图形等，把题目内容画出来，并让孩子认真思考如何利用已知条件来列式等。

接下来，我会引导孩子寻找题目的突破口，这也是解答题目的关键一步。一般来说，题目的突破口就是题目中给出的已知条件，有时也可能是一些隐蔽的条件，这时我们就要帮助孩子把这些条件从题目中提炼出来，让题目就变得更加清晰易懂。

再下一步，就是弄清题目中的未知条件，也就是解题时所需的必要条件，但现在题目中没有直接给出，需要我们通过现有的已知条件求出来。这些就是未知条件。

当未知条件也解出来后，题目中各数量之间的关系就清晰了，接下来就能确定算法，列出算式，得出答案了。

举例来说，有下面这样一道应用题：

某制衣厂有员工 630 人，其中男员工占 20%，后来又招入一些男员工，这时男员工占全厂总数的 30%。请问，这次又招入多少名男员工呢?

在和孩子一起分析这道题时，我们会发现，由于又招入了男员工，使全厂员工的总数发生了改变，但有一个条件没变，那就是女员工的人数。这也就是说：原来员工总人数中的女员工（1−20%）与现在员工总人数中的女员工（1−30%）是一样的。由此，我们就可以引导孩子列出下面的算式：

630×（1−20%）÷（1−30%）−630=90（人）

当题目解答完后，我通常还会让孩子再返回去读一遍题目。很多人认为这样做是多此一举，题目都解完了，还读题干什么呢？

实际上，解答完之后再读题，与解答之前读题的目的是不一样的。解答之前读题，是为了理解题意、梳理思路，寻找已知条件，简单来说，是为了解题而读题。而解答完之后再读题，是为了重新回顾和梳理解题思路和解题过程，对题目进行总结和归纳，同时找寻这类题型的解题规律，也就是要弄清这道题为什么要这样解。下次如果再遇到相同类型的题目，是不是也可以利用同样的方法来计算和解答？而且如果之前孩子理解错了题意，或者书写的步骤出错时，这一步也能及时发现错误，及时纠正，重新列式解题。

所以，这一步对于解答综合题、应用题等同样重要，我们应让孩子养成这一习惯。

但是，也有一些孩子会反映说，自己虽然认真地读题了，可读完后仍然感觉思路不清晰，题目中给出的条件混乱，导致没法解题。面对这种情况，我们怎样帮助孩子呢？

我在前文强调，不管是哪类数学题型，其解题思路都是相似的，甚至可以说是固定的。下面这个思维导图模型，就是解题的基本思路。孩子在解题时，只要把相关条件套入其中，就能清晰地看出题目中的各种条件和数据。如图 4-7 所示：

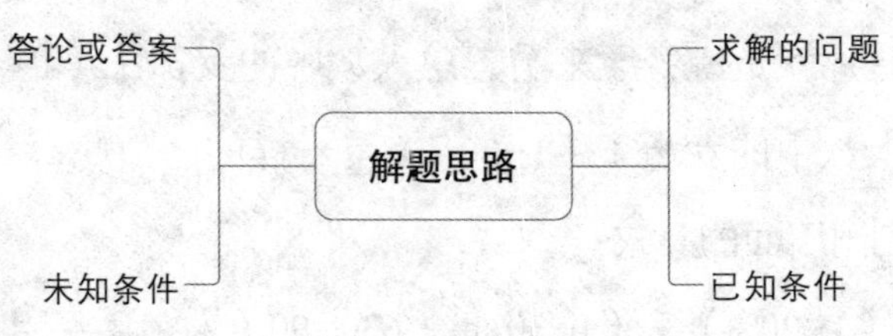

图 4-7

从这幅思维导图可以看出，常见的解题思路模型分为四条主干，分别是要求解的问题、已知条件、未知条件和要得出的结论或答案，这与我们前面分析的解题思路也是吻合的，目的都是提炼出题目的关键条件与数据，把解题思路梳理清晰。如果孩子能记住这个解题模型，在做题时，将题目中的已知条件、未知条件套入其中，就能看到解题的整个思路了。

我们以下面这道题为例，具体看一下如何将条件套入模型，让整道题一目了然地呈现在我们面前：

一辆汽车早上 8 点从甲地开往乙地，按原计划每小时行驶 60 公里，下午 4 点到达乙地，但实际晚点 2 小时到达。这辆汽车实际每小时行驶多少公里？

在分析这道题时，我们就可以教孩子用下面的思维导图来列出各个分支，提炼出条件和问题，如图 4-8 所示：

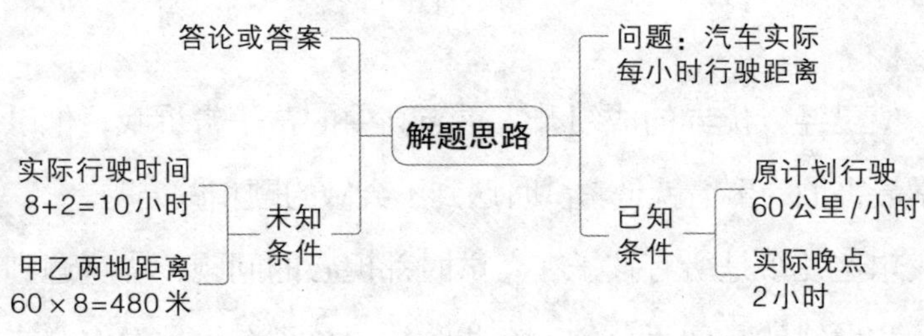

图 4-8

从图 4-8 中可以看出，这道题的已知条件有三个，分别为：汽车原计划行驶速度为 60 公里 / 小时；原计划的到达时间，从上午 8 点到下午 4 点，共 8 小时；实际晚点时间为 2 小时。

未知条件为甲乙两地的实际距离和汽车实际的行驶时间，但根据已知条件，我们可以算出未知条件，即两地的实际距离为 60×8=480 公里，汽车的实际行驶时间为 8+2=10 小时。

最后，通过已知条件和未知条件，求解出答案汽车的实际行驶速度，即两地的实际距离除以汽车行驶实际所用的时间为480÷10=48公里。

通过以上的解题方法可以看出，数学题目虽然千变万化，但往往也是万变不离其宗。只要我们利用好思维导图，教孩子学会提炼题目中的知识点，理顺解题思路，不仅能锻炼孩子的思维能力，还能让孩子的解题能力不断提高。

用思维导图整理难题笔记和错题笔记

一位已经以优异的成绩升入重点高中的孩子告诉我，他以前学习数学最害怕的事情就是考试时遇到不会做的题和做错题。

我想这几乎是所有孩子在考试时都担心的问题，毕竟遇到不会做的题和做错题是要丢分的。有些时候，孩子在写数学作业或考试时发现某些题目不会做，可能是感觉题目陌生或太难了，解不出来，这就要从根源上去寻找解决办法。而做错的题目，本来是会做的，却由于种种原因做错了。

要避免这两种情况，除了要积极复习课本上的基础知识外，就是平时坚持做难题笔记和错题笔记。尤其是孩子上了中学后，作业题和考试题的难度都有所增加，如果能坚持做难题笔记和错题笔记，并且经常复习和充分消化其中的内容，日积月累，就能使遇到的难题和错题越来越少，学习效率明显提高。

那么难题笔记和错题笔记该怎么整理呢？我们怎样帮助和引导孩子，才能让孩子的难题笔记和错题笔记在学习数学时发挥最大的学习效用呢？

根据我多年的教学经验，我建议家长们这样来帮助孩子整理这两类笔记。

※ 整理难题笔记

之前曾有家长跟我反映说，自己一让孩子去复习数学，孩子就抱着一本习题集坐在桌旁刷题。你问他这样刷题有用吗？孩子就说："多做点题，见识的题型多了，考试就不容易遇到难题或者出错了。"

从一定程度上来说，学数学多刷题确实可以"熟能生巧"，但多刷题就一定能在考试时攻克所有难题，或者不出错吗？

那可不见得！有很多孩子在刷题时，只关注自己做了几本习题集、解了多少道题，却很少对做过的题型、解题思路、解题方法或技巧等进行总结和积累。在这种情况下，孩子一旦在考试中遇到同样类型的题目时，可能仍然解不出来。即使是以前做过的原题，一段时间后出现在考试题中，恐怕都会觉得陌生。

要避免反复出错，一个有效的方法就是让孩子准备个专用的笔记本，用来记录平时数学练习、作业和各次考试中遇到的难题。在记录和整理难题笔记时，你可以让孩子按照下面的步骤进行：

（1）将题目认真抄写在本子上，并用红笔在难题旁边注明该题的难点是什么。

（2）将该题的解题思路、解题方法等按步骤认真整理出来。

（3）列出该题目的若干种变化，比如该题的多种解法，同时对比一下不同解题方法的优缺点，以及都用到了哪些知识点等等。

除了按这样的方法整理难题笔记外，我们还可以让孩子按题目的类型给难题分类，将同类难题归纳到一起，并梳理和总结出这类难题的解题方法、解题技巧等。孩子见多识广后，再在考试中遇到同类题目，才能真正快速地解答出来。

※ 整理错题笔记

孩子在写作业或考试时做错题目，这是很正常的事，但如果这些错误在孩子以前的学习中已经出现多次，现在孩子仍然出错，那就要注意了，这表示孩子并没有真正掌握这部分知识，也不能灵活地运用这部分知识。

如何才能帮助孩子避免这样的错误重复发生呢？

我认为最有效的方法就是让孩子做错题笔记，也就是让孩子把平时作业或考试时犯的错误记下来，分析原因，改正错误。最关键的是，要吸取教训，以后不再重复犯错。

在整理错题笔记时，我建议你引导孩子按以下的步骤进行：

（1）将做错的题目认真誊抄在错题笔记上。

（2）让孩子用红笔标出自己是在哪个环节出错的，分析自己出错的原因，比如是写错公式了，还是理解错了题意，或者是写错了步骤等等。

（3）根据出错原因，写出纠正的方法，并提醒自己下次遇到类似情况时应该注意哪些问题。

（4）引导孩子思考，是否还有其他可以纠正的方法，也就是该题还有没有别的解法，同时把解法写下来。

需要注意的是，不管是整理难题笔记还是错题笔记，目的都是为了让孩子吃透知识、吃透题目。如果笔记中只收集了一大堆难题错题，考试时遇到同类型的题目仍然不会解，那就等于白白浪费时间了。所以，在让孩子收集和整理难题和错题的基础上，我们还要让孩子熟练地掌握解题思路和技巧，夯实数学基础知识，不断拓展数学思维。

为了让难题笔记和错题笔记更好地发挥效用，我还要跟大家分享一个难题笔记和错题笔记的整理模型，就是利用思维导图来管理孩子在学习中遇到的难题和错题，这种方法要比单纯地把题目和解题思路抄写在笔记本上效果更好，如图 4–9 和图 4–10 所示：

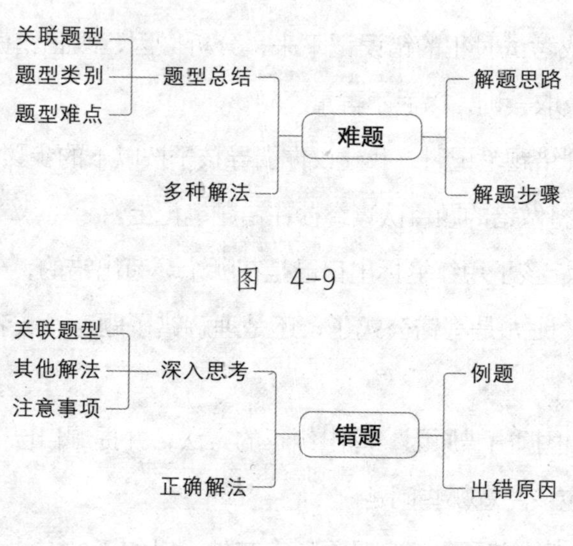

图　4-9

图　4-10

当然，不管是整理难题笔记，还是整理错题笔记，它们的目的都是为了让孩子知道自己在学习数学时还有哪些知识掌握得不够好，所以不仅要让孩子坚持整理，还要让孩子经常复习，每过一段时间就拿出笔记翻看一下。

在复习时，你也可以根据孩子画下的思维导图，用提问的方式让孩子讲一讲其中题目的解题思路等。如果发现孩子对其中的一些题目已经完全掌握了，就让孩子略看一遍即可；如果没掌握或掌握得不太牢固，则要让孩子再多花些时间复习。

第五章

思维导图+高效记忆，学起英语又快又好玩

家长们每次一听说其他孩子英语学得好，第一个念头可能就是：这孩子肯定额外补习英语了，不然怎么能把英语学得这么棒？实际上，英语学得好的孩子很多，但并非每个孩子都会额外去花钱补习英语。孩子平时认真听课，好好消化课堂知识，同时掌握科学的学习方法，如思维导图法、高效记忆法等，通常能将英语学得很好，甚至还能把英语学习变成一件好玩、有趣的事。

用思维导图将单词图形化

说到孩子的英语学习，背单词是一个绕不过去的坎。单词是英语学习的基础，没有足够的词汇量，孩子就无法用英语表达思想、进行交际，更别说能有效地进行英语的听、说、读、写了。但我们发现，背单词是绝大多数孩子学英语时遇到的最头疼的问题。用传统的方法背单词，孩子可能当时记住了，但用不了多久就忘了，这种“背了忘，忘了再背”的学习效率非常低。

那么，有没有什么有效的方法，能够让孩子背单词的过程不那么痛苦呢？

一位已考入清华附中的刘同学曾分享自己背单词的方法，他说，自己背单词“很有一套手段”：有一次，老师准备了一块挂有20张实物图的小黑板，让同学们看一分钟后，就把黑板翻过去，然后让同学们凭着记忆说出一分钟前看到的小黑板上的东西，并且要用英语单词说出来。其他举手回答的同学，一般只说出七八个单词，而刘同学却一口气把20个单词全说对了，让老师和同学们都十分惊讶。

原来，他先找出这20个实物的规律，再把它们分类，如职业身份、学习用品、交通工具、蔬菜水果等，分完类后，这些单词就被浓缩成了几个记忆块，他只要记住这几个记忆块，再回顾其中的单词就容易多了。

这位同学所用的方法，就是我们常说的分类记忆法，也就是把要记忆的单词按一定的规律分类，使之形成不同的记忆块，之后再集中记忆。这要比一个一个地单独记忆快速、牢固得多。

由此可见，背单词是有很多技巧和窍门的，除了以上这种有趣的记忆方法外，我们也可以让孩子利用思维导图把一些抽象的单词图形化，然后利用联想功能进行回顾和记忆。

比如，要记忆关于“颜色”的单词时，我们就可以让孩子从“color”（颜色）这个中心单词出发，利用思维导图向外延伸出不同分支，记忆关于颜色的单词，如 red（红色）、green（绿色）、blue（蓝色），等等。而通过具体的颜色，如 red（红色），我们还可以引导孩子继续联想一些常见的红色的东西，如 strawberry（草莓）、tomato（西红柿）、watermelon（西瓜）等；进一步由红色的东西，如 tomato（西红柿），再联想到 ketchup（番茄酱）、sandwich（三明治），等等。

根据以上这些联想，我们就可以让孩子绘制一幅思维导图了，如图 5-1 所示：

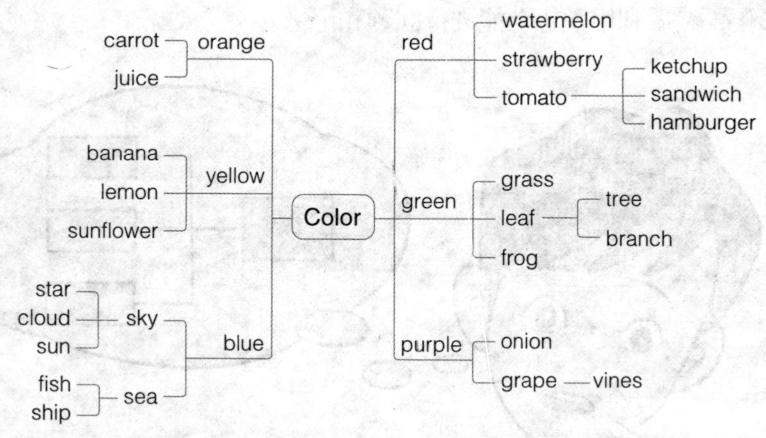

图 5-1

如果孩子年纪小，为了增加记忆单词的趣味性，我们也可以在图中加入一些有趣的图案，如草莓图案、西瓜图案等；或者在写单词时，表示什么颜色，就让孩子用什么颜色的笔来写，同样能帮助孩子加深记忆。

除了以上按“颜色”来记忆单词外，还有很多分类归纳方法，都可以用思维导图来表示。比如，我们还可以让孩子按照“动物”“形状”“人体”“家庭”“天气”等进行联想分类，每个主题同样可以构成思维导图的主干，每个主干又可以延伸出多个分支。

我们以“天气”为例，就可以让孩子从“weather”这个核心词进行联想，由“weather”（天气）延伸出spring（春天）、summer（夏天）、fall（秋天）、winter（冬天），再由不同的季节联想到不同的天气，比如：由spring（春天）展开联想，可联想到warm（温暖），再由warm（温暖）联想到所穿的衣服，如sweater（毛衣）、jacket（夹克）、windcoat（风衣）等；由summer（夏天）展开联想，可联想到hot（炎热），再由hot（炎热）联想到所穿的衣服，如dress（裙子）、vest（背心），或者联想到sunglass（太阳镜）、umbrella（雨伞）等。同样，从fall（秋天）和winter（冬天）也能联想出很多相关的单词，如fallen leaves（落叶）、fruit（果实）或snow（雪花）、cold（寒冷）、snowman（雪人）等。

同样，为了增加趣味性，我们也可以让孩子在思维导图中加入相应的图案和画上喜欢的颜色，如秋天的黄叶、雪人图案等。

此外，我们还可以让孩子从一些共同的字母组合来扩展单词，增加记忆的词汇量。比如，从“ee”这两个字母组合，就可以扩展出很多单词，如see（看见）、bee（蜜蜂）、need（需要）、free（自由）、tree（树）、teeth（牙齿）、keep（保持）、deer（鹿）、seed（种子）、sweet（甜的）、weed（杂草）、jeep（吉普车）、green（绿色）、seek（寻找）等等。通过这些单词，又可以让孩子联想到其他相关的单词。这样一来，孩子的单词量就会不断增加，记忆起来也会更加高效。

以“熟”带“新”记单词

很多孩子在记单词时，经常希望一下子能记住很多，并且求快、求难，结果当时感觉背下来了，第二天发现就忘了大半。

在学英语过程中，如果孩子没有掌握恰当的方法，记单词最好不要求多、求快、求难。只有掌握记忆的本质和规律，找到科学的方法，记单词才会更容易、更高效。

记忆的本质是联想和想象，不管孩子运用什么样的记忆方法，我认为联想和想象都是快速记忆英语单词的诀窍。而以“熟”带“新”的方法，就是让孩子以联想的方式，利用熟悉的单词来联想新单词，进行记忆。简而言之，就是用单词记单词，“以熟记生”。

怎样才能运用以“熟”带“新”法来记单词呢?

首先，我们要让孩子找到要记忆的单词中自己熟悉的单词，比如在 together（在一起）这个单词中，就应该有孩子熟悉的单词：to、get 和 her。

接下来，让孩子把自己熟悉单词的意思和要记单词的意思进行联想，如 to（去）–get（抓住）–her（她），可以联想为：去抓住她。

再把要记忆的单词放入其中一起联想，如：去抓住她，和她在一起。

这样一来，孩子只要联想到“去，抓住，她”几个单词的写法，就会想到 to-get-her 这三个单词，组合在一起后，就记住了 together 这个单词的写法和含义了。

有些时候，某些单词不能直接拆成熟悉的单词，这时我们也可以让孩子注意观察一下，看看这个单词中是否有熟悉的拼音。如果有，也可以作为“熟”知识的一部分。

比如，孩子要记忆 carriage（四轮马车）这个单词时，我们就可以让孩子从中找到自己熟悉的单词或拼音，如 car、ri 和 age。接着，再让孩子对熟悉的词义进行联想，如 car（汽车）、ri（日）、age（年龄），再把要记忆的单词 carriage 放入其中一起联想：汽车每天与四轮马车比年龄。

下次，当孩子看到carriage这个单词时，就会想到“汽车每天与四轮马车比年龄”这句话，由此就联想到car-ri-age这三个词，同样也就记住了carriage这个单词的写法与含义。

除了教孩子用以上两种有趣的方法记忆单词外，还有一种以“熟”带“新”的记单词方法也很实用，就是让孩子把要记忆的单词稍作变化，变成自己熟悉的单词，然后在新词和熟词之间建立联系。

比如，在记忆parrot（鹦鹉）这个单词时，我们就可以引导孩子联想已经学过的熟悉的单词，如carrot（胡萝卜）。然后，让孩子通过联想，把两个单词联系起来，如：胡萝卜好吃（c），鹦鹉会跑（p）。

再如，在记skirt（短裙）这个单词时，同样可以联想到一个相似且熟悉的单词，如shirt（衬衫）。接着，同样鼓励孩子展开联想，把两个单词联系起来，如：衬衫很好（h）看，敞开（k）扎在腰里，就变成短裙（skirt）。

这种方法一般用来记忆比较短的，不太好拆分成熟悉的单词或拼音的单词。在记忆这类单词时，不但能有效地锻炼孩子的联想能力和发散思维，更重要的是能让孩子不断地丰富自己的词汇量，巩固旧单词和记忆新单词同步进行，可谓是一举多得。

画图记忆法和导图记忆法

有一次，我孩子跟我抱怨说："这一个一个地背单词，太难背了！有没有什么神奇的方法，能让我一下子背下一大堆单词呀？"

实际上，单词与单词之间是有联系的，某些单词之间还有相近的意思或相似的拼写结构，只不过很多孩子没有掌握这些规律，只会把单词当成一个个的个体来记忆，结果效果并不好，不是背完很快就忘了，就是把几个单词记混，意思完全对不上号，背得真是又苦又累！

我曾经认真咨询多位英语教学方面的资深专家，在他们的指导下，我总结出了几种很有效的背单词方法。

※ 画图记单词法

记英语单词也能画图？

没错。而且这个"图"还很灵活，你可以让孩子画表格图，如果孩子喜欢画画的话，也可以让孩子画卡通图，只要有助于孩子背单词，完全可以鼓励孩子自行想象和设计。

比如，当孩子学习两三个单元后，我们就能让孩子把这几个单元的单词梳理一下，然后按照单词的字面意思进行分类，做成表格图，如表 5-1 所示：

单词类别	单词
食物类	milk（牛奶） bread（面包） apple（苹果） tomato（西红柿）egg（鸡蛋） meat（肉） fish（鱼肉） coffee（咖啡） tea（茶）
动植物类	elephant（大象） lion（狮子） dog（狗） frog（青蛙） tree（大树） flower（花） grass（小草） leaf（树叶）
交通工具类	car（小汽车） train（火车） bus（公共汽车） plane（飞机） taxi（出租车） ship（轮船）
人体部位类	body（身体） face（脸） nose（鼻子） hair（头发） arm（胳膊）leg（腿） foot（脚） head（头）
职业类	teacher（老师） policeman（警察） worker（工人） waiter（服务生） cook（厨师）

表5-1

我的孩子就非常喜欢用这种方法来记单词，效果很好。他告诉我，这种方法不但能让他把原本乱糟糟的知识系统化，突出各单词之间的联系性，还能让他学会给单词分类，弄清楚各个单词的词性。用这种方法记单词，他感觉每次都能记得很牢固。

当然，画图的方法很多，我们可以让孩子根据自己的喜好来画图，比如，有个孩子就和妈妈一起研究出一套借助图表分类记单词的方法。

以介词为例，我们看看他们是怎样绘制图表的，如图 5-2 所示：

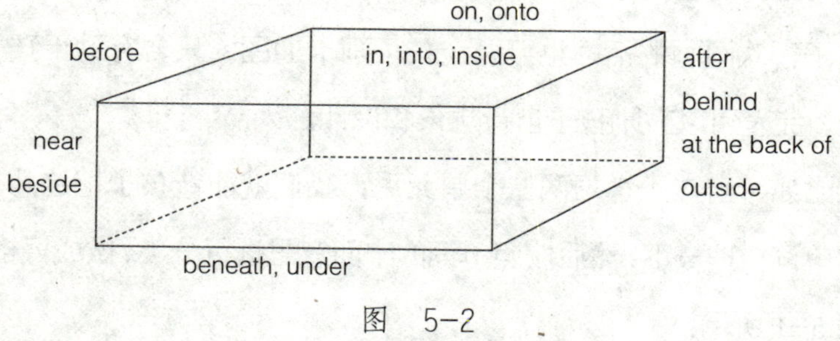

图　5-2

通过上面的图表，孩子可以把很多方位词都放入其中，这样孩子就能准确地理解和掌握这些单词表示的意思和具体用法。很多家长应该有这样的感觉：平时给孩子解释半天 in、on 或 behind、after 等单词的用法，都解释不明白，现在通过图一看，立刻一目了然，孩子再运用时也不容易混淆了。

※ 思维导图记单词法

思维导图也能记单词。在利用思维导图法记单词时，又可以分为两种方式，如果你让孩子用思维导图来背诵、默写、回顾单词，这个过程就是一个激发思维的过程；如果你想让孩子用思维导图对已经学过的单词归纳、分类后记忆，这个过程就是一个思维整理的过程。

我们先来看看，怎样让孩子用思维导图来背诵和默写单词，这种方法一般都有一个中心词根，然后在这个词根的基础上添加前缀或后缀，从而构成另一个新单词，这个新单词与词根含义有着密切联系。这类单词也被称为派生词。

比如，孩子学过的常见单词前缀包括 un-，dis- 等表示否定的含义，如 like（喜欢）-dislike（不喜欢），agree（同意）-disagree（不同意）；常用的后缀包括 -er，-or，-ist 表示人物，如 work（工作）-worker（工人）；还有后缀 -y，-ly，-ful 等，表示形容词，如 friend（朋友）-friendly（友好的）等。

根据这些前缀、后缀，我们就可以让孩子分别画一幅思维导图来整体记忆，如图 5-3 和图 5-4 所示：

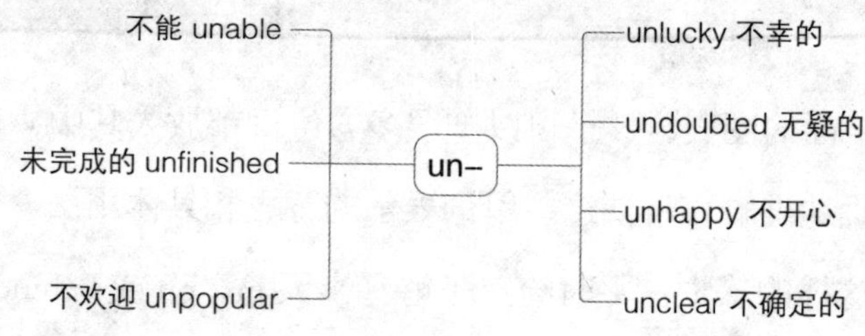

图　5-3

跑步者 runner
初学者 beginner
采访者 interviewer
-er
teacher 老师
barber 理发师
banker 银行家

图　5-4

有的中心词可以没有明确的含义，但在它的前后分别加上一些字母，仍然可以构成很多新的单词，然后你再鼓励孩子拓展思维，由新单词再进一步激发。也就是说，我们可以让孩子由一个中心词激发出多条分支的单词。

比如，中心词“ow”就可以激发出很多分支单词，如图 5-5 所示：

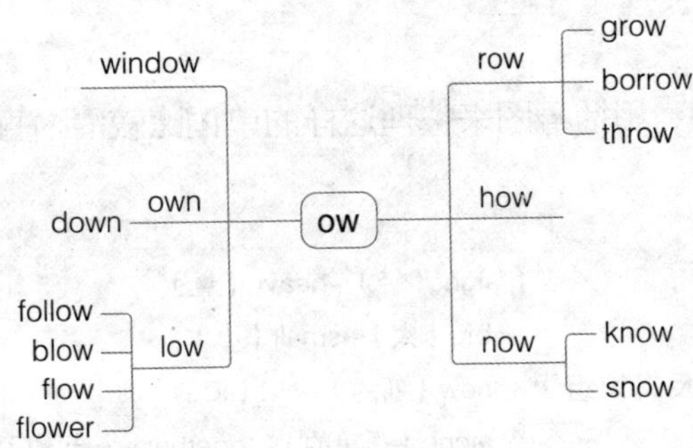

图 5-5

这类词根很多，如 ight、ear、ood 等，我们可以让孩子自己尝试画一画，边画边记忆和整理，相信孩子一定可以从中大有收获。

接下来，我们再来看看怎样让孩子把已经学过的单词用思维导图来归纳分类，也就是如何进行思维整理。

这种方法主要是按照单词不同的属性进行分类，比如让孩子对有关人称的单词进行总结，再用思维导图呈现出各单词之间的关联，不但直观清晰，记忆时还不容易混淆。如图 5-6 所示：

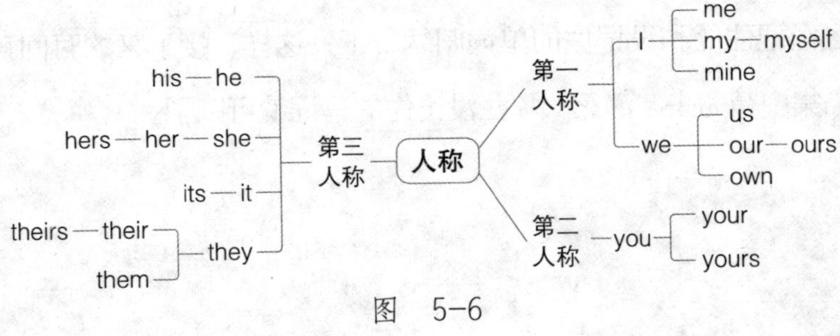

图 5-6

另外，英语单词也有自己的同义词或反义词，特别是一些常见常用的形容词、动词等。如果孩子在整理单词时，发现有些单词有同义词或反义词，那就让孩子把这些词的同义词或反义词归纳在一起，集中记忆。

一般来说，用括号图来整理这样的单词比较清晰直观，如图 5–7 所示：

图 5–7

用以上这些方法来引导孩子背单词，相信孩子就不会感觉那么困难了，而且在分类整理过程中，孩子对单词的词性、含义、用法等都会逐渐明确并加深印象。一段时间后，我们还可以让孩子再根据已经记住的和没记住的单词归纳一下，这样，接下来的时间孩子只需集中精力去“消灭”那些没记住的单词就可以了。

用思维导图整理课堂笔记

英语课堂笔记在英语学习中起着非常重要的作用。老师在课堂上讲授知识，如果孩子仅凭大脑记忆，不动笔来记笔记，开始时可能会记住一部分老师讲的内容，但到后半节课，老师讲的内容越来越多，孩子就很难再记清、记牢了。

英语学习是一个循序渐进、不断积累的过程，需要孩子在学习和巩固旧知识的基础上逐渐掌握新知识。这就需要孩子在课堂上听课时，能够记下老师在本堂课中所讲的重点知识、难点知识等。尤其是一些语法知识，孩子只有做到及时理解和掌握，才能在课后复习和做题时更加得心应手，不受影响。

通常来说，英语老师在讲课时，不会一节课就讲完一篇英语课文，而是在每堂课都设置不同的教学目标。大多数情况下，老师会把一节英语课分为三个部分教学内容：

第一部分，学习新单词，讲解单词用法，提前扫除对课文的理解障碍。

第二部分，学习课文，同时对课文进行详细讲解，让学生理解课文的内容、结构、写作方法等。

第三部分，深入讲解课文中涉及的语法知识，并且要求学生活

用语法、句型等，学会举一反三。

在每节课上，老师的教学目标不同，孩子在听课时，每节课重点要记的笔记内容也是不同的。这就需要孩子在每堂课中学会有选择地记笔记，既要抓住老师所讲的重点内容，还要做好知识分类和归纳，以便课后查找复习。

大多数孩子在记英语课堂笔记时，都是采取传统的线性笔记法，也就是用文字直接记录老师所讲的内容。这种方法不是不行，但有很多缺点，比如记录时可能会因为文字较多而跟不上老师的思路，或者因为内容枯燥，导致记忆和理解程度不高，课后复习时也缺乏兴趣。

怎么解决这个问题呢？

我认为用思维导图来整理英语课堂笔记，就能完美地解决这个问题。

有些孩子可能也听说过用思维导图记课堂笔记比较好，于是一上来就把老师讲的所有内容都画在一幅思维导图上，结果图看起来非常乱，复习时也不容易找到重点、难点。眉毛胡子一把抓，复习效果很不好。

所以，要想在记英语课堂笔记时用好思维导图，我们必须先让孩子根据老师讲课的特点，设计一个基本的思维导图模型。比如，我在跟我儿子沟通他的英语老师的讲课特点时，就发现他的英语老师在讲课时一般会遵循“新单词—新词组—经典句型—重点语法”这样的思路来进行，于是，我就让他绘制了这样一幅思维导图模型，如图 5-8 所示：

图 5-8

根据这个思维导图模型，孩子在听课时，就能随时将老师所讲的重点内容填写在导图上面。每次记完之后，只要打开思维导图，就能对老师在本节课中所讲的内容一目了然，重点、难点也能统统体现出来。

当然，不同的老师讲课方法和风格不同，所以思维导图模型的分支也会不同。我们在让孩子通过思维导图整理英语笔记时，最好都能先跟孩子沟通一下，了解老师的讲课方法和风格，然后再让孩子绘制思维导图模型。这样孩子在听课时，才能紧跟老师的讲课思路，有重点、有选择性地记好笔记。

比如，老师在某节课上讲的重点语法是动词的被动语态。英语的语态分为主动语态和被动语态两种，主动语态表示主语是动作的执行者，被动语态则表示主语是动作的承受者。被动语态的基本格式是“be+ 过去分词”，但被动语态还有时态的变化，在时态变化中，被动语态只是改变“be”的形态，而过去分词部分保持不变。

例如：

He writes a letter every week. 他每周都写一封信。（主动语态）

The letter is written by him every week. 这封信是他写的。（被动语态）

She has written two novels so far. 她已经写了两部小说。（主动语态）

Two novels have been written by her so far. 两部小说是她写的。（被动语态）

如果单独学习语态和时态，都不算难点，但如果两者放在一起学习，很多孩子学起来就容易混淆。这时，我们就可以让孩子用思维导图总结出老师讲解的被动语态中常见时态变化。如图 5-9 所示：

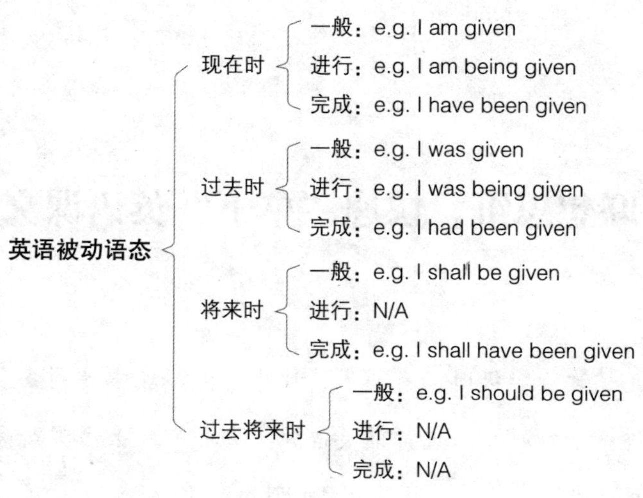

图 5-9

这样一来，孩子要复习被动语态这部分知识时，只要打开英语笔记，看到这幅思维导图，就能清晰地理解被动语态这部分知识了。

需要注意的是，孩子刚开始这样记英语课堂笔记时，可能会不太习惯，如思路跟不上，字写得不好，笔记也记得很凌乱等。这时鼓励孩子不要放弃，只要坚持一段时间，慢慢熟悉“套路”后，就会发现它的优点了。

为了记得快，我们也可以让孩子自创一些速写符号，比如缩写语等。只是自创的符号容易混乱，所以要让孩子在课后及时整理和归纳，否则时间长了，孩子自己都不认识了，那笔记也就无用了。

联想思维，快速“拿下”英语课文

我儿子读五年级时，有一天，他抱着英语课本走到我身边，叹了口气说：“妈妈，您说背诵英语课文到底有什么用呢？又难背又浪费时间，我真不想背，可是老师总让我们背。”

看着愁眉苦脸的儿子，我摸摸他的头，对他说：“儿子，妈妈也知道背英语课文挺难的，但背英语课文的好处却很多，比如能增加你的词汇量，能培养你的英语语感，还能提升你的英语听说能力……”

“打住打住，您怎么说得跟老师一样，却不关心我背得难不难、累不累，唉——”

我知道，儿子背诵英语课文时遇到了难度。虽然以前他也跟我抱怨过，但我并未太放在心上，现在看来，他确实感到背英语课文越来越难了。

我相信，很多孩子在背诵英语课文时都会遇到类似的困难。有些家长认为孩子笨、记忆力不好，或者不专心，所以背不下来。其实不然，孩子感觉背英语课文难，主要还在于没有找到科学的方法。

为了帮助孩子快速背诵英语课文，我查阅了很多资料，并且让我儿子尝试了一些方法。结果发现，如果引导孩子展开联想，想象课文中所描述的情景，如：有什么人物？这些人的身上都发生了哪些事？文中有哪些物品？这些物品都是做什么用的？摆放在哪些位置？……然后再引导孩子进行背诵。这时，孩子背出来的就不再是一个个枯燥的单词，而是一个个生动有趣的故事或场景了。

比如下面这篇课文：

A：Look at this T-shirt. Do you like it？

B：It's OK. But I don't like red. I like purple clothes.

A：Here is a purple blouse. Do you like it？

B：Very much. How much is it？

A：It's two hundred and fifty yuan.

B：That's too expensive. I won't take it.

通过 A、B 两个人的对话，我们知道，这是一个人去买衣服时挑选的过程。孩子在第一次听老师讲解时，大脑中就会出现两个人对话的场景，并且能够记住这个场景。接下来自己朗读时，也会不断重复地回顾这个场景，并且会根据每个场景中的对话，在大脑中把每句话翻译成中文。

那么，在孩子背诵这篇课文时，我们就可以提醒孩子认真回忆，如：A 当时正在做什么？他都说了什么？ B 是怎么回答的？他喜欢什么颜色的衣服？ A 为 B 拿了什么衣服？这样回忆一遍后，孩子就能很容易地回想起当时场景中的英文是如何表达的了。

这其实就是让孩子运用联想思维来背诵英语课文，不但能锻炼孩子的思维力，还能大大地增强孩子的记忆效果。

不过，如果孩子背诵的课文较长，即使展开联想，孩子背诵时仍然感到有难度，我们就可以让孩子运用思维导图来背课文。

在用这种方法背课文时，首先，要让孩子精准地找出课文中句子的关键词，尤其是较长句子中的关键词，然后再通过分支将句子展开。

其次，要让孩子使用丰富的关键词，尤其是那些不容易记住的关键词，最好能用图形呈现出来，以增强趣味性和记忆效果。

比如下面这篇英语课文：

My Favorite Season

My favorite season is summer.I love it because it’s always full of sunshine.And I like swimming very much.In summer，I can play with my friends and classmates on the beautiful beach.I like summer because I can taste all kinds of delicious ice cream.But sometimes it's very hot.But anyway, I like summer best.

要快速、准确地背诵这篇课文，我们就可以引导孩子找出其中的关键词，并将关键词加粗。如下所示：

My Favorite Season

My favorite season is **summer**.I love it because it's **always full of sunshine**.And I **like swimming** very much.In summer, I can **play with my friends and classmates** on the **beautiful beach**. I like summer because I can **taste all kinds of delicious ice cream**. But sometimes it's very **hot**. But anyway, **I like summer best**.

找到句子的关键词后，接下来我们就可以让孩子根据关键词来绘制思维导图了，如图 5-10 所示：

图 5-10

画完思维导图后，孩子根据思维导图上的关键词及其分支，便可以一目了然地弄清课文的结构，从而从整体上把握课文内容。不仅如此，借助思维导图来背英语课文，还能让孩子全面启用左右脑功能，实现全脑背诵，增强思维力和记忆力。

在背诵过程中，孩子还能通过联想慢慢将画好的导图在脑海中成像。当大脑中记住思维导图的结构和各条分支后，孩子就能在接下来的背诵中通过联想导图上的内容，一字不漏地把课文背诵下来。

如果孩子掌握了上面的背诵技巧，背诵英语课文对他们来说就简单多了。当然，除了以上两个方法外，还有很多其他的好方法，我们机智的家长也可以自行探索。

不过，不管孩子用哪种方法背诵，都有一个前提，就是一定要事先让孩子弄清课文的逻辑，理解课文的内容，在理解的基础上再去画图、背诵。背诵英语课文并不只是简单地机械重复，有的孩子靠死记硬背也能把课文背下来，然而一到做题或考试时，就特别容易出错，这就是因为孩子没有弄清课文的逻辑结构，也没有真正理解内容导致的。

所以，在辅导孩子背英语课文时，我们先让孩子理解课文，如记叙文要弄清时间、地点、人物、事件，说明文要明白主要说明对象的特征等，弄懂上下文之间的逻辑关系，再以内容为线索去记忆，既能收到事半功倍的效果，又避免了死记硬背带来的弊端。

英语语法新“图”解

学习英语主要有两大障碍，一个是词汇，另一个是语法。在孩子的英语学习中，语法就像是人的骨骼一样重要。只有语法知识学好了，孩子才能不断扩展自己的英语词汇量，提高阅读速度和英语理解能力。也就是说，要想让孩子的英语水平在短时间内获得质的飞跃，学好语法是最有效的捷径。

可是，孩子在刚开始学英语时，并不能直接从语法学起，而是必须掌握一定的英语基础知识。而学习并熟记一些英语句型，分析句子结构，则是学习英语语法，加深语法知识的理解、运用，且是有效提高阅读理解能力和写作能力的关键所在。

在孩子所学的英语课本当中，每个单元的阅读部分都会有一些体现某一语法项目的典型句型。如果孩子能把这些句型熟练掌握了，就能为学好语法打下基础。

那么，我们怎样帮助孩子学好这些语法知识呢？

我曾经跟一些优秀的英语老师交流过，这些老师给出的建议是：想让孩子熟练地掌握句型，剖析句子结构，不能一蹴而就，而是要有一个从简单到复杂的过程。这个过程基本可以分为三步，这三步分别为：熟练进行单项练习；熟练进行综合练习；扩大句子应用范围。

我们以定语从句为例，具体分析一下该怎样带领孩子走好这三步。

※ 熟练进行单项练习

在进行单项练习时，我们要引导孩子反复地进行替换练习。

比如，我们让孩子将“I read a book yesterday.”和“It was very interesting.”这两个单句改成一个复句，该怎么改呢？

通过引导孩子思考，就可以把这两个单句改为：The book which I read yesterday was very interesting.

再如，让孩子把“The woman is a teacher.”和“she lives next door.”两个单句改为一个复句，那么就可以改为：The woman who lives next door is a teacher.

这样的练习就是定语从句的单项练习，为了增加孩子的熟练程度，我们可以让孩子平时多进行一下这样的练习。

※ 熟练进行综合练习

综合练习就是让孩子把定语从句放在一个特定的语言情境中综合运用，进行一问一答的练习。

比如：

A：Did you enjoy the TV program ?

B：Which TV program ?

A：The one we saw last night，of course.

B：Yes，very much.

这就是把定语从句放在了特定的语言环境中来使用，由此帮助孩子了解定语从句的语言特征。

※ 扩大句子应用范围

扩大句子应用范围就是让孩子把定语从句和之前学过的其他知识点放在一起进行练习，以便对句子加深理解，增强运用的熟练程度。

比如：

A: Do you know who is Edgar Snow was？（一般疑问句，宾语从句）

B：Yes，he is an American writer who was interviewed by Chairman Mao in Beijing.（定语从句）

A：Oh，I remember it. He is the author who wrote "Red Star Over China"，isn't he？（定语从句，反义疑问句）

B：All right.

很显然，这个句式很复杂，如果孩子没有经过前两步的练习，直接接触这样的句式，分析起来就会感觉很难。但有了前两步打基础，一步一步由浅入深地学习，将各种句型句式掌握熟练后，再接触这样的句子就不会觉得太难了，对其中的语法知识也能较快地学会和掌握。

其实不只是定语从句，在学习和掌握其他语法知识时，也可以按这三步进行，关键是让孩子熟悉这样一个从易到难的学习过程，从学习和分析简单的句子结构，到学会综合句子的运用。在这个过程中，孩子就能不断熟悉和掌握各类句子中包含的语法知识。

不过，在学习过程中，也可以运用思维导图来让孩子学会对语法知识进行梳理，并通过可视化的方式呈现出来，进行不断思考和总结。这个过程既能使知识脉络更加清晰，还能激发孩子主动学习的积极性，增强学习英语的信心和成就感。

比如，孩子在学习一般将来时这个语法知识时，我们就可以让孩子通过思维导图的方式把它呈现出来，如图 5-11 所示：

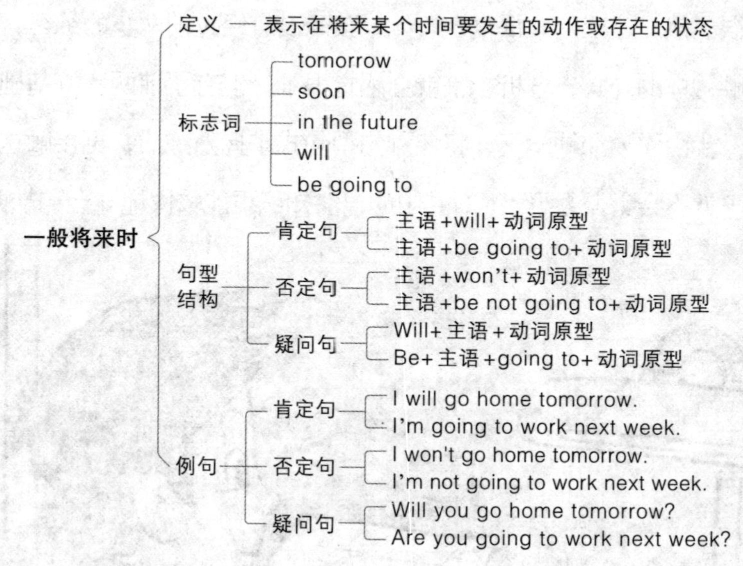

图 5-11

显然，这幅图的中心词是“一般将来时”，它的主要知识点分为定义、句型结构、标志词，以及相应的例句等几方面，因此我们就让孩子把这几个知识点作为思维导图的分支。

首先，第一个分支为一般将来时的定义，它是指在将来某个时间要发生的动作或存在的状态，这一点很容易理解。

第二个分支是一般将来时的句型结构，共分为三种，分别为肯定句、否定句和疑问句。其中，肯定句的结构根据所用标志词的不同而分为两种，一种是：主语 +will+ 动词原型，其例句为：I will go home tomorrow. 另一种是：主语 +be going to+ 动词原形，其例句为：I am going to work next week.

这里涉及到一个知识点，就是 will 和 be going to 两个词的区别。一般来说，will 多表示客观的将来，而 be going to 则表示主观的意图或打算。如果想在思维导图中体现出这两个词用法的区别，我们也可以让孩子在导图相应的句式后面标注下来。

第三个分支就是一般将来时的标志词，其中两个最具有代表性的标志词就是 will 和 be going to。此外，还有表示将来时间的标志词，如 tomorrow、next week、soon、in the future 等，这类词比较多，可以让孩子自己总结一下。熟练使用这些标志词后，孩子在进行时态学习时就能达到事半功倍的效果了。

第四个分支是例句，这个很好理解，我们可以让孩子用 will 和 be going to 自己造句，熟练掌握一般将来时的用法。

以上是英语语法中一般将来时的主要内容，通过运用思维导图，孩子就能快速厘清这一知识点中的关键内容了。

除此之外，我们也可以让孩子参照这个思维导图，自己整理“一般现在时”“一般过去式”等时态的语法知识，增加孩子的学习兴趣，同时也能帮助孩子更加牢固地掌握英语中的语法知识。

第六章

灵活的思维模式，孩子学好哪科都不难

在孩子学习过程中，每一门学科的内容和特点不同，学习方法也不同。但是，有一点却是共通的，就是孩子一定要具备灵活的思维模式，具有较强的分析理解能力、比较能力、总结能力、归纳能力等，这些能力才是增强孩子学习动力和提升学习成绩的秘诀。要达到这个目的，家长就要积极帮助孩子掌握一些学习上的有效方法，提升孩子的思维能力，让孩子从“苦学”“死学”变为“爱学”“乐学”，在每一门学科上都真正找到学习的动力和乐趣。

记忆+归纳，学好生物两大秘诀

在很多孩子的想象中，生物应该是一个拥有无限乐趣的学科，平时只要观察观察大自然，采集几片树叶标本，或者多观察几次昆虫，多去几次动物园看看动物，就能把生物学好了。

直到上了中学，真正接触到生物课时，孩子才意识到，生物远比自己想象的要复杂，从细胞、组织到生命体，再到有机物、无机物、生物群落，处处充满了奥妙。虽然有些知识确实很有趣，但也有一些知识非常枯燥、难学，比如细胞的基本结构、各类有机物与无机物之间奇特的逻辑关系、遗传与染色体的各种关系等。如果不掌握科学的方法，学习和记忆起来都会很吃力，孩子也容易产生畏难心理。就像有些孩子经常吐槽说："我上课时认真听老师讲课，课后也很努力地背各个知识点，可是却经常记不住，背了后面的忘了前面的，怎么办呢？"

实际上，如果我们帮孩子找到了恰当的方法，孩子记忆和理解生物中的各类知识并不难。比如下面这两种方法，就能使孩子高效地学习生物知识。

※ 对比 + 归纳记忆法

在生物学习中，有很多相近的名词易混淆、难记忆。对于这样的内容，我们可以教孩子运用对比 + 归纳的方法来进行记忆和理解。

对比就是先将有关的名词一个个单独列出来，然后让孩子从范围、内涵、外延乃至文字等方面进行比较，存同求异，找出不同点。这样反差鲜明，容易记忆。

比如说，植物的光合作用与呼吸作用就是一对既对立又统一的生命活动。在学习过程中，孩子会了解到，光合作用的实质是合成有机物，储存能量；而呼吸作用的实质是分解有机物，释放能量。很明显，两者之间是相互对立的。

但是，呼吸作用所分解的有机物正是光合作用的产物，没有光合作用，呼吸作用就无法进行。同时，光合作用进行过程中，原料与产物的运输所需要的能量正是呼吸作用释放出来的，如果没有呼吸作用，光合作用同样无法进行。

由此我们知道，光合作用与呼吸作用之间是相互联系、相互依存的关系。只有光合作用与呼吸作用同时存在，植物体的生命活动才能正常进行。

了解到这一点，再让孩子分别归纳出关于光合作用和呼吸作用的内容，之后再对比记忆，就容易多了。

除此之外，有氧呼吸与无氧呼吸、同化作用与异化作用、激素调节与神经调节、物质循环与能量流动等，彼此间都是相互对立的关系，我们都可以让孩子利用这种方法来理解和记忆。

※ 思维导图记忆法

生物课中有很多重要的、复杂的内容不容易记忆，我们可以让孩子把这些知识的核心内容或关键词语提炼出来，作为知识的纲要，然后绘制成思维导图来记忆，效果非常好。

例如，在学习绿色开花植物的生活方式时，我们就可以让孩子先把绿色开花植物的生活方式一一列出来，如光合作用、吸收作用、运输作用等，然后把它们作为思维导图的分支，绘制一个思维导图的框架。

接着，再根据绿色开花植物不同生活方式的具体特点来完善每个分支的内容，如在“光合作用”这个分支下，我们可以让孩子整理出光合作用的实验、叶片的结构和功能、光合作用的意义、光合作用的应用等，然后根据这个导图（如图 6-1 所示），分别记忆各个分支的内容。

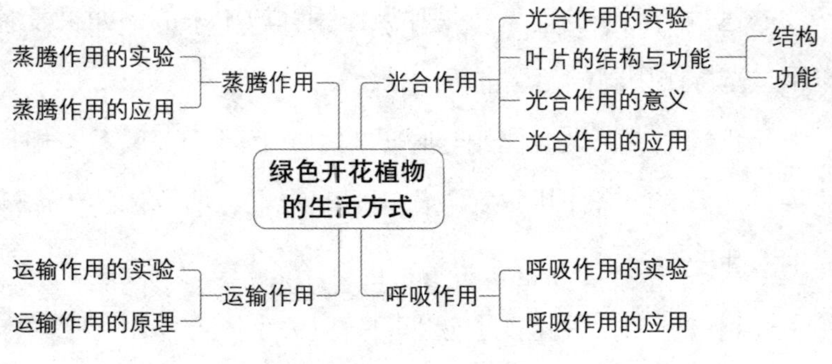

图 6-1

再比如，高等动物的物质代谢属于比较复杂、难于记忆的知识，但它也有一定的规律可循，即不管是哪一类有机物的代谢，通常都经过消化、吸收、运输、利用、排泄这样五个步骤。这五个步骤就可以成为孩子绘制思维导图，记忆高等动物物质代谢知识的分支和纲要。

总而言之，引导和帮助孩子学会运用这样的记忆和归纳方法，其意义不仅在于帮助孩子读透课本，更重要的是锻炼孩子的思维能力。在对各类知识进行归纳过程中，孩子不仅要多次翻看课本和笔记，把上面的要点摘录下来，还要进行前后联系，对同一个知识点不同的表述进行比较。在这个过程中，孩子就能更加透彻地熟练和了解这些知识点。而孩子想要做一个比较完整的知识归纳的话，还要弄清什么知识点放在导图的什么位置上，这就要知道各个知识点之间的关系，这个过程也可以很好地锻炼孩子的理解思维和归纳思维。

此外，还有一点对于孩子学好生物也很重要，就是要让孩子多观察、多思考、多提问。例如，孩子在用显微镜观察叶片的结构时，我们就可以让孩子边观察、边思考下列问题：

“叶片表皮细胞的颜色和排列状况是怎样的？”

“叶肉中接近上表皮的细胞与接近下表皮的细胞在形状、排列状况和内部绿色颗粒多少等方面有哪些不同？”

“叶脉细胞是什么颜色和形状？这些细胞是怎样排列的？”

……

这样有目的地引导孩子进行观察和探索，对孩子理解和掌握生物知识同样至关重要。

提高逻辑思维，轻松“搞定”物理

前几天，一位家长在微信上跟我说，他女儿的物理成绩一直很差，每次考试都不及格，孩子也越来越不喜欢学物理。再这样下去，他怕孩子对物理完全丧失信心，以后影响中考成绩，希望我帮忙出出主意。

我非常理解这位家长的心情，而且我相信很多家长都有这样的困扰：一跟孩子提物理，孩子就皱眉头。孩子自己也很烦恼，明明老师讲课时自己听得很认真，作业也认真做了，可成绩就是提不上去。这是怎么回事呢？

我经过分析，认为出现这些问题的主要原因在于：物理是一门逻辑思维很强的学科，刚接触到物理的孩子，虽然认知水平已经达到了运算阶段，具备了一定的逻辑思维能力，但思维的组织性、条理性仍然比较差，遇到问题时习惯靠直觉经验来判断。比如，有的孩子在学习“力学”时，认为“力是使物体运动的原因”；学习“摩擦力”时，认为“摩擦力就是阻碍物体运动的力”；学习“功率”时，认为“功率越大的灯泡，其电阻越大，灯丝越细”。很显然，这样的理解就是不全面、不准确的。

还有的孩子思维逻辑性差，对一些物理概念认知模糊，弄不清概念之间的联系，思考时也习惯于生搬硬套，而不是努力弄懂意义，根据具体问题灵活分析。比如，在学过“力学”后，他们能够正确地回答出力与运动的关系，但同时对一个空中飞行的足球进行受力分析时，可能就会画上一个沿着足球运动方向的力。

由此可见，孩子能不能学好物理，在很大程度上取决于孩子对物理概念、规律、公式等基础知识的理解是否透彻。物理虽然属于理科，但基础概念较多，规律复杂，抽象性强，且各知识点关联性比较密切，题型也较为多变，很多时候，这些知识“只可意会，不可言传”。比如“能量”“惯性”这些概念，单靠老师的“言传”是很难传神地表达出概念的真谛的，只有孩子自己做到了“意会”，才能真正地领会它的全部内涵。而要做到“意会”，就需要靠孩子对概念、规律等基础知识反复分析、琢磨，甚至要亲自去动手实验，才能体会得到。我们常说“师父引进门，修行在个人”，意义也正在于此。

那么具体来说，我们应该怎样引导孩子学习物理呢？

※ 把握物理概念的本质

物理课本中的各种概念、规律等，是解决各类物理问题的基础，因此，我们一定要让孩子发散思维，弄清这些概念的本质。

比如，关于“惯性”的概念，我们不但要让孩子熟记“惯性”的概念：物体保持静止状态或匀速直线运动状态的性质，称为惯性。还要让孩子理解“惯性”的本质性内容，如：惯性是物体的一种“固有”的特性，其存在是无条件的；一个物体无论处于何种状态，是运动还是静止，或者是不是会受到外力，都存在惯性；惯性不是外界作用的结果，而是“与生俱来”的；惯性的大小与质量相关。

同时，在孩子理解这些物理概念、规律时，我们还要叮嘱孩子理解透彻了，防止歧义和误区出现。仍然以“惯性”的概念为例，在让孩子把握“惯性”的本质时，还要注意下面几点：

◆ 把惯性的表现和惯性的有无区分开，物体在静止时不会表现出惯性，但这不表示此时物体就没有惯性。惯性是物体的固有属性，一切物体在任何情况下都具有惯性。

◆ 惯性的表现形式特征：匀速、直线、运动和静止状态。这也表明处于静止状态的物体同样是有惯性的。

◆ 惯性是一种性质，不是一种力，所以“惯性力”的说法不准确。

由此可见，孩子只有把握了每个物理概念的本质和性质，才能真正理解一个物理概念的内容。

※ 重视物理习题的积累

任何理科的学习都离不开习题的积累，物理同样如此。有些同学认为，自己平时能听懂老师讲的课堂内容，课后再看看书，复习复习概念、定理等，就能学好物理了。这是一种错误的想法。要想学好物理，必须通过勤练习、多练习，才能巩固所学的知识，掌握其中的奥妙和规律。

不过，我并不主张让孩子搞“题海战术”，而是应该有选择地做一些具有代表性的类型题。实际上，物理题型具有一定的局限性，大多数都是换汤不换药。哪怕是各种参考书、参考资料上面，题目看起来很多，其实大部分题型都是相同或相似的，我们没必要让孩子花费大量的时间和精力去刷题，反而不如吃透课本上的基础题型。如果孩子的基础比较好，你也可以让孩子适当做一些能提高逻辑思维、综合应用能力或加强解题技巧的拔高题。

※ 把知识点连成线、编成网

物理知识的特点是由简到难，逐步深入，所以孩子在学习物理过程中，如果不能对学过的知识和做过的习题及时复习，不会归纳总结，就容易导致各知识点之间出现割裂，其结果就是孩子背了一大堆的物理概念、定律、公式，却对公式中各物理量间的关系不甚理解，也无法灵活地运用各种概念和规律去解决具体问题。很显然，这是学不好物理的。

为了帮助孩子更好地理解各物理概念、定义、定理，以及各知识点之间的联系，我推荐给大家一种好方法，就是思维导图法。

这种方法不仅可以帮助孩子梳理各个章节中的知识点，还能将零散的知识点连成线、编成网，建立各知识点之间的联系，从而实现知识点的结构化，让孩子直观清晰地记忆各个概念、规律等。同时，这个过程还能培养孩子的线性思维和发散思维，加深对知识点的理解和掌握，从而达到举一反三、触类旁通的效果。

举个例子来说，孩子在学习“光现象”这一章的内容后，我们就可以让孩子根据课本内容，绘制一幅思维导图，如图 6-2 所示：

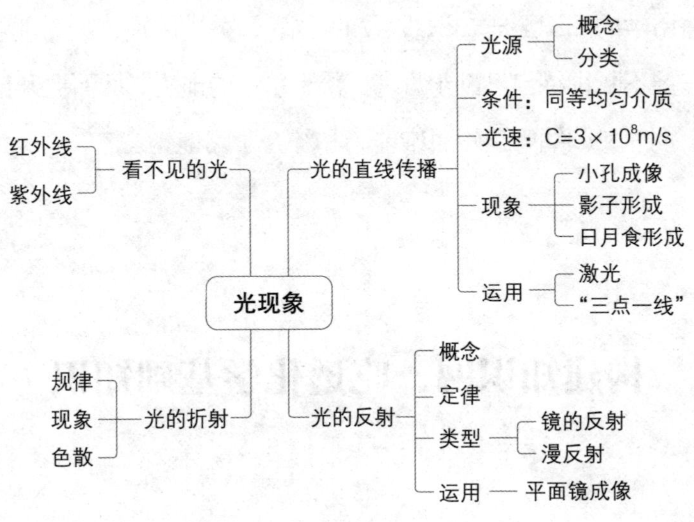

图 6-2

在这幅思维导图中，我们就把“光现象”这一节的主要内容都梳理和提炼出来了。为了让各知识点体现得更加全面，我们也可以让孩子把具体内容填写在各个分支的下面，比如“光的折射”下“现象”的分支里，就可以填上：光从一种介质斜射入另一种介质时，传播方向一般会发生改变。在“可见光”的“红外线”和“紫外线”分支下，还可以再分出“概念”“性质”“应用”等分支，并写上具体内容，如在“红外线”的“性质”分支下，可以写上：“红外线能使被照射的物体发热，具有热效应（如太阳的热就是以红外线传送到地球上的），所有物体都在不停地向外辐射红外线。”这就能让孩子对“红外线”知识的记忆和理解更加深入和深刻。

如果孩子在每一章内容学完后，都能把本章的内容这样整理出来，做成思维导图，那么就可以很清晰地看到各个知识点之间的联系，甚至不同章节中知识点的关联也能一目了然。坚持下来，慢慢就会将所学的知识形成知识线、知识网。最关键的是，在此过程中，孩子需要不断训练自己勤于思考、善于总结的能力，从而提升记忆、分析、推理和归纳等逻辑思维能力和综合学习能力。

构建知识网，吃透化学基础知识

孩子进入初三后，学科中就又增加了一个新成员——化学。按字面意思来理解，化学就是“变化的科学”，它主要研究的是不同化学物质之间所发生的相互作用。所以，化学也是一门强调以实验为基础的自然科学。

不过，化学中不仅实验很重要，一些基本概念、原理、元素符号、方程式等基础知识同样重要，既需要孩子熟练记忆，又需要深入理解，更需要灵活运用。所以化学虽然归属于理科，但却被称为是“理科中的文科”，要学好并不容易。

我们先来说一说关于化学中各种概念、原理的记忆问题。据统计，初中化学课本中的概念和定理就有五六十个，还有二十多个需要掌握的化学元素符号及各类化学式等，这些基础知识中需要记忆的内容很多，且看上去又比较混乱。如果孩子直接抱着课本去背，往往很难记牢，所以必须学会巧记。

我在辅导孩子学习过程中，查阅了大量记忆和牢固掌握化学知识的方法、思维、技巧等，发现有些方法和技巧对孩子学好化学确实大有帮助。比如，利用对比联系的方法，将化学中的各种概念、原理相近或相反的，物质结构、性质、制法相似或相关的内容等，进行归纳总结，形成一定的知识网络，不但能一目了然地了解各类知识的特性，还能使记忆更加牢固，运用更加灵活。

举个例子来说，孩子在学习“物质构成”这部分内容时，我们就可以和孩子一起了解构成物质的几种元素，如原子、分子等，然后就这些元素的特性进行归纳总结，形成一个完整的知识网络，如图 6-3 所示：

通过整理和绘制这幅网络图，孩子就能知道，从微观上来说，物质首先是由分子和原子构成的，而分子和原子之间也有一定的联系和区分，图中已经将两者间的联系和区分标注出来了。

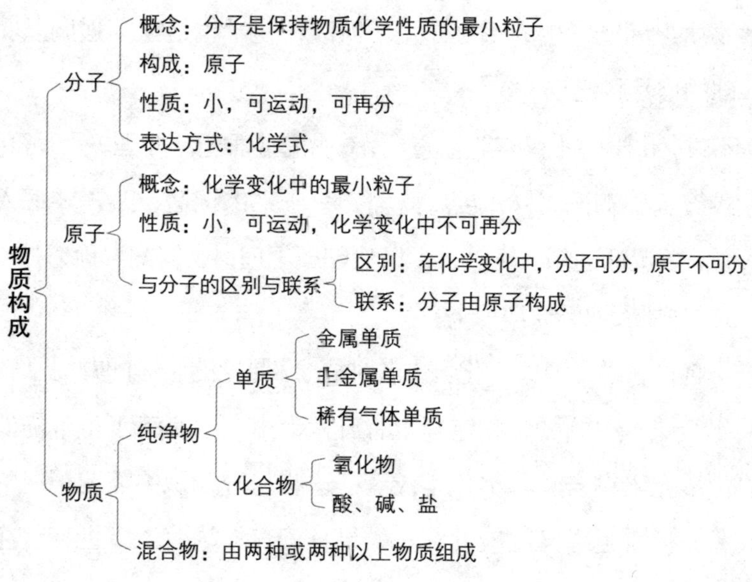

图 6-3

从宏观上来说，物质又是由纯净物和混合物组成的，纯净物和混合物之间的区别也已经归纳出来了。

你看，这样引导孩子学习和理解关于“物质构成”的知识，是不是要比孩子抱着课本死记硬背更有效果？

除此之外，还有一种方法也能有效地帮助孩子学习化学，掌握化学基础知识，就是思维导图。也就是把孩子需要掌握的化学知识用思维导图的方式表示出来，让散乱的知识形成知识线、知识块、知识网，加深孩子对一些容易混淆的知识和复杂数据的理解与记忆。

比如，在学习“我们周围的空气”这部分内容时，由于空气组成复杂，所以内容很多、很繁杂，如果让孩子一条一条地把知识点总结到笔记上，即使整理完了，也不容易记忆。这时，我们就可以让孩子用思维导图来边归纳边记忆。

首先，我们让孩子根据课本中本部分内容不同的小节列出分支，比如空气的组成、氧气的性质、氧气的制取、氧化反应、物质的分类、物质的性质、物质的变化等，然后画出思维导图模型，如图 6-4 所示：

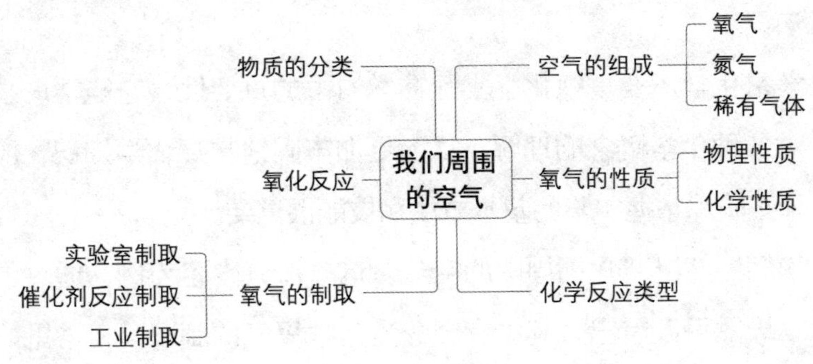

图 6-4

然后，我们再让孩子根据化学课本和老师在课堂上讲解的内容，完善导图模型上的各个分支。

比如，对于“氧气的性质”，可分为物理性质和化学性质。其中，氧气的物理性质包括：无色、无味的气体，加压、降温后可变成淡蓝色液体或淡蓝色雪花状固体；密度大于空气；不溶于水等。化学性质则包括：性质活泼，能与多种物质发生化学反应，具有氧化性，能让多种物质在空气中燃烧等。

再如，对于“氧气的制取”有三种方法，分别为实验室制取、催化剂反应制取和工业制取。其中，实验室制取的方法分为高锰酸钾分解、过氧化氢分解、氯酸钾分解等；催化剂反应制取可分为根据化学性质不变的原理制取，也可以根据质量不变的原理制取；工业制取分为分离液体空气法制取和膜分离技术制取。

归纳完这些分支内容后，再让孩子根据不同的分支内容来补充详细的方法、内容、方程式等，让图中的知识点越来越丰富、全面、细致。这样一来，孩子只需要看到这幅思维导图，就能从整体上了解有关“空气”的内容，同时还能从各个小分支中掌握每一部分的重点知识。

学习化学还要重视化学实验在学习中的重要性，它能帮助孩子加深对各种化学概念的理解，从而更加牢固地掌握化学知识，所以让孩子正确地掌握实验的基本方法和技能很重要。

我们仍然以“我们周围的空气”这一部分内容为例，通过上面的思维导图可以看出，其中有个分支是“氧气的制取”，常见的制取方法为实验室制取和工业制取，这时，我们就可以让孩子根据氧气不同的制取方法绘制一幅思维导图，如图 6-5 所示：

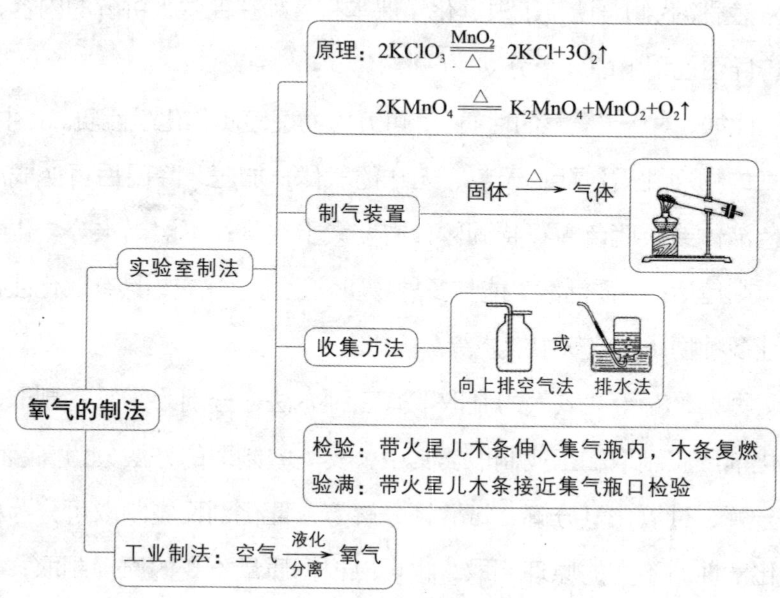

图 6-5

在这幅图中，我们先让孩子根据氧气不同的制取方法分别列出步骤，比如在运用实验室制法时，首先，让孩子提出这一制法的原理，列出相应的化学方程式；其次，引导孩子设计好制气装置，即怎样由固体制成气体；最后，还有收集方法、检验方法等。有些时候，我们还要让孩子明确注意事项，因为任何不恰当的实验顺序、实验方法等，都可能直接影响化学实验的结果，甚至还会带来危险，这些也是很重要的问题。

总之，化学基础知识的各个部分都有着密切的联系，孩子在学习时，不能只是孤立地记忆和认识某个知识点，而是要学会将各类知识放到相应的体系结构中，在比较辨析的过程中寻求内在联系，并达到理解的层次，提高整体思维力。

用好思维导图，学好历史知识

说起历史，很多孩子在没开始学习之前都会比较期待，感觉课本里面都是故事、图片、小资料，很有意思。但当孩子真正学起来后才发现，要学好历史并没那么容易，不但课本中要背诵的内容很多，记忆容易混乱，各种条约、宪章等更是又枯燥又乏味，还有各类事件的意义、带来的影响等，记忆和理解起来一点儿都不容易。

事实的确如此，历史课的内容纵贯古今，横览中外，涉及政治、军事、经济、文化、科技等多个领域的发展和演变。由于它的内容繁多，时空跨度大，孩子学习过程中经常会感觉学时容易记时难。

有一位初中生给我发微信说，在学习中国近代史时，他的心情随着这段历史起起伏伏，当学到英法联军火烧圆明园时，内心既惋惜又悲愤；当学到清政府被迫签订《辛丑条约》时，是哀其不幸怒其不争；当学到卢沟桥事变时，又为中国军人那种为民族解放献身的精神所感动，甚至自己也想以后做一名军人，报效国家……

然而，不论学完哪一课，在感慨、愤怒之余，感觉也没留下什么东西。在考试时，有关于某一事件是怎么发生的，过程什么样，产生了哪些影响等，自己仍然一知半解，答不上来。

虽然我们学习历史的目的不是为了应付考试，但不可否认的是，考试也是学习中的一部分，如果不能有效地记忆和理解各种历史知识，考试时也很难取得满意的成绩。

那么，想要有效地记忆历史知识，学好历史，到底有没有好的方法呢?

当然有。其实很多孩子之所以感到学习历史有困难，一是因为记忆历史知识的方法不科学，二是因为没有掌握学习历史的窍门。我这里跟大家分享一种有效的学习方法——思维导图法。运用这种方法，不但能让孩子快速记忆历史知识，还能学会分析历史事件。

※ 用思维导图巧妙记忆

历史知识共分为三大块，分别为中国古代史、中国近现代史和世界近现代史。要学好历史，孩子首先要对这三大块历史史实有准确的记忆。如果不能记清这三大块里面的知识点，就无法对一些历史事件进行分析、综合、归纳。

所以，记忆历史知识点非常重要，它是孩子学好历史的基础。在记忆过程中，再慢慢学习理解，横向、纵向对比各个阶段的事件，并注意联系和总结，不断将新知识纳入到已有的知识结构当中，把“知识点记忆”一点一点地变成“历史构建”，最终实现从整体上把握历史。这才是学好历史的脉络。

但是，作为一种记忆性较强的学科，孩子仅靠死记硬背各种知识点和历史史实是远远不够的，还必须学会分析、理解问题。所以，孩子要记忆历史知识，就必须在理解的基础上进行，然后才能在记忆的基础上进一步理解和运用。

运用思维导图法进行记忆，不但能把各个知识点串联起来，对知识点进行详细的归纳整理，还能使孩子在记忆知识点时不易混淆，从而准确、快速地实现有效记忆。

举个例子来说，孩子在学习“夏商周时期”这一单元中“百家争鸣局面”的这节内容时，就会发现其中有很多派别，不同派别又有各自的代表人物、主张观点、主要著作等。如果一条一条地记忆，很容易记混。

这时，我们就可以让孩子通过画思维导图，把各个大家的代表人物、主张、著作等一一列出来，对比记忆，如图 6-6 所示：

你看，当我们把各大家的主张、观点等都归纳整理成思维导图后，各个知识点立刻就清晰地呈现出来了。这时你再让孩子去记忆其中的知识，孩子就能根据图中列出的关键知识点，再联系课本中的内容，进行系统的记忆了，并且还不容易记混。

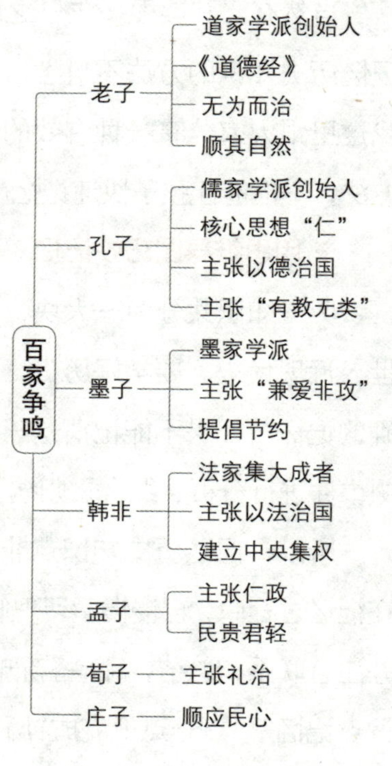

图 6-6

※ 用思维导图分析历史事件

在历史学习和考试过程中，经常会要求孩子就某一历史事件进行分析，这不仅需要孩子具有扎实的历史知识，还要具备一定的理论分析能力，善于结合所学知识，对历史事件进行理性的思考和归纳，并最终得出相应的结论。

简单来说，这是要求孩子能够史论结合地学习历史，将理论性

的分析认识与历史史实的运用紧密结合，从而学会正确地运用理论来评价历史，提高用史实说明理论的能力。

很多孩子一看到这样的问题就直接懵了，完全不知道怎么应对，有时即使勉强分析一下，往往也是答非所问。

面对这样的问题，我们同样可以让孩子运用思维导图来分析，也就是把课本中一段段的文字分解成历史背景、事件起因、发展过程、内容或措施、历史影响等因素。别忘了，历史是一个连续的过程，课本中所讲述的每一个历史事件，都会有前一个事件作为导火索，同时这一事件也会成为后一个事件的发生原因。

比如，“洋务运动”这一历史事件，课本中的内容很多、很繁杂，要让孩子对这一事件进行分析，孩子可能就会理不清头绪。这时，我们就可以让孩子画一幅思维导图来进行分析，如图 6–7 所示：

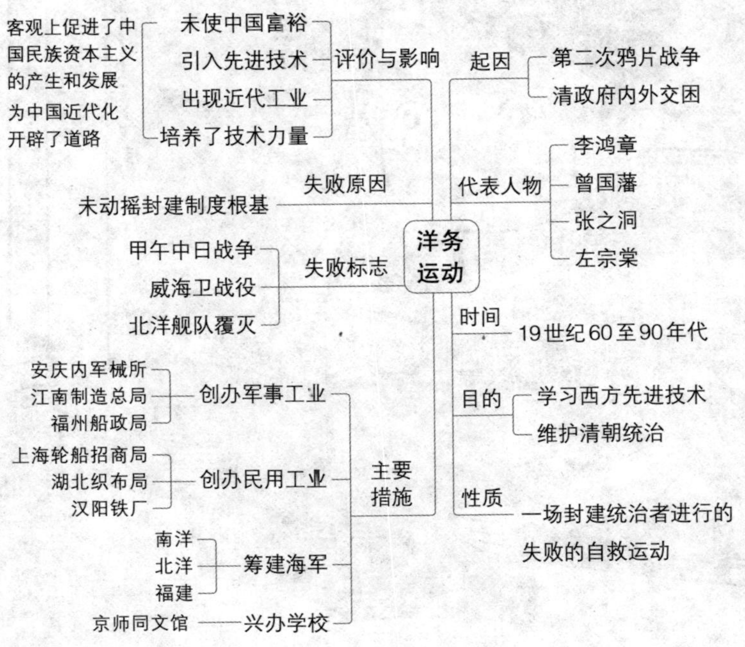

图 6-7

通过这幅图，我们就厘清了洋务运动的来龙去脉，其中的过程是怎样的，代表人物有哪些，以及出现了哪些成果，产生了哪些影响与后果，等等。沿着这个思路，孩子再运用自己的语言，就可以对这一事件进行科学理性的分析和总结了。你看，用这种方法来分析历史事件，是不是比死记硬背的效果更好？

当然，要让孩子用这种方法来分析历史事件，也不是一蹴而就的，不但需要孩子学会绘制思维导图的步骤，还要通读课本，尽量弄清事件的发展脉络，善于提炼出其中的关键知识。这就要求孩子平时反复练习，不断锻炼自己的思维能力，善于总结归纳学过的知识，这样才能在运用时快速、准确地绘制出相应的思维导图，提高学习效率。

政治不仅要记忆，更要“学懂”

很多孩子不喜欢学政治，觉得政治枯燥又难学，大多数孩子只是为了应付考试，才不得不在临考前突击背诵一下。

这些做法不难理解，不论是初中的《道德与法治》，还是高中的《思想政治》，它的理论性、知识性都比较强，且内容较为抽象，如果孩子没有掌握恰当的学习方法，学起来的确感觉无趣，也很吃力。这也是有些孩子不太喜欢学政治的主要原因。

有些家长跟我反映说，孩子在刚接触政治课时，对政治并不反感，会听老师的话，每天关注新闻联播，了解时事，上课时也认真听老师讲课，课后积极背诵重点知识点，可一到考试，成绩依然平平。跟孩子沟通，问孩子是不是哪些题型不会，孩子反馈说，考试题目看着都眼熟，可有些题目在作答时就会感觉思维混乱，不知道怎么答。尤其是综合理解题，题目虽然看懂了，但就是不知道如何落笔。

从近些年的高考试卷来看，思想政治考卷中的题型已经越来越侧重于理解了，纯记忆性的知识越来越少。这就要求孩子要把政治课学活、学懂，而不仅仅是把知识点记住或背下来。简而言之，我们应该让孩子掌握系统的学习方法，学会发散思维，去综合地理解、运用、分析、辨别和归纳各种知识，而不是死记硬背，这样才能达到理想的学习目的。

下面我就给大家推荐两种行之有效的学好政治的方法。

※ 对比法

虽然我不提倡用死记硬背的方法来学政治，但孩子要学好政治，还是必须牢固地掌握课本中的概念、定理、关键性的知识点等。因为这些内容是同类事物本质和规律的概括与总结，抽象性较强，不能光靠死记硬背。一定要学会运用发散思维，掌握记忆技巧，在弄懂的基础上提炼关键词，再将类似的知识点进行对比，以便同中求异，异中求同，建立各知识点间的联系和区别，整理出对比表，便于一目了然，形成记忆。

我在这里总结了两种对比法，一种是列表对比，一种是扩展对比，家长可以在理解的基础上，帮助孩子掌握这两种方法，提高记忆效果。

我们先来看一下列表对比法，这种方法其实就是运用列表或图示来帮孩子概括总结学过的内容，弄清新旧知识间的联系与区别，并且从中受到启示。

比如，在学习“推动人类发展进程的三次科技革命”的内容时，我们就可以让孩子分别对每一次科技革命的兴起原因、开始时间、主要标志、理论基础、对生产力的影响、对生产关系的影响等，进行详细的对比，通过对比获得不同的启示，如表 6-1 所示：

表 6-1　三次科技革命的发展历程

	第一次工业革命	第二次工业革命	第三次工业革命
兴起原因	资本主义制度在英国确立；市场不断扩大，商品需求增加	资本主义制度在世界范围内确立，自然科学取得明显进步	二战后，军用技术转为民用，科学技术社会化
开始时间	18世纪60年代	19世纪70年代	20世纪四五十年代
主要标志	蒸汽机广泛使用	电机与内燃机广泛使用	计算机、航天技术等取得重大突破
理论基础	牛顿力学	电磁学	相对论
典型影响	1.创造了巨大的生产力 2.社会面貌发生巨变：资本主义战胜封建主义；资产阶级和无产阶级分化和对立；资本主义确立对世界的统治	1.生产力飞速发展 2.资本主义进入垄断资本主义阶段 3.方便了人们的生活与信息交流	1.推动生产力空前发展，社会经济结构和经济格局发生变化 2.世界各国都大力发展高科技 3.推动世界经济格局多元化
得出启示	科学技术是第一生产力，科技进步是经济发展的决定性因素		

通过绘制表格，将三次科技革命的内容进行对比，孩子就能一目了然地弄懂了它们的区别，同时也掌握了其中的关键性知识。

第二种对比法是扩展对比，以当前的内容为基础，向外扩展知识。

比如，孩子在学习“生产资料归谁所有是生产关系的基础”这部分知识时，我们就可以让孩子运用发散思维，由内向外扩展知识，如扩展到五种社会形态中社会生产关系的基础：原始社会中，生产关系的基础是生产资料归集体所有；奴隶制社会中，奴隶主占有生产资料，同时完全占有奴隶；封建社会中，地主阶级占有绝大部分的土地；资本主义社会中，资本家占有生产资料；社会主义社会中，劳动者共同占有生产资料。

再如，在学习“在阶级社会里，国家是阶级统治的工具，这是国家的本质”时，我们同样鼓励孩子打开思维，把要记忆的内容扩散到各个阶级社会国家的本质是什么，即：奴隶制国家的本质，是奴隶主阶级统治奴隶阶级的工具；封建国家的本质，是地主阶级统治农民阶级、压迫农民阶级的工具；资本主义国家的本质，是资产阶级统治工人阶级和广大劳动人民的工具。

你看，通过这种把内容扩散后再进行对比，孩子不但能掌握当时所学的知识，还能同时掌握其他与之相关的知识。多次练习后，孩子就能站在一个更系统、更整体的高度来把握知识点了。

※ 思维导图法

与学习其他学科一样，学习政治也可以利用思维导图来学习，目的是归纳、整理关键知识点，将各个重要知识点串联起来，建立系统的知识网络，从整体上真正“学懂”课本知识，打好学习基础。

一般来说，我都会建议孩子先把每节的内容绘制成为思维导图，等整单元学完后，再把整单元知识点用思维导图归纳起来，最后期末全书学完后，再把整本书的知识点用思维导图串联起来，形成学科知识体系，便于复习巩固。

举个例子来说，孩子在学完“理解权利与义务”这一单元的内容时，就可以画一幅思维导图，把这一单元的主要内容都归纳、整理出来，如图 6-8 所示：

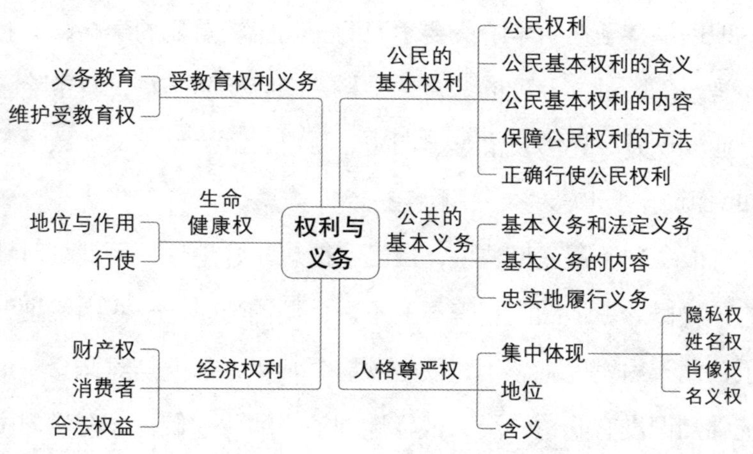

图 6-8

这样对整单元的知识点进行归纳总结，不但能让孩子从整体上理解和掌握本单元的知识点，还能提高思维能力，在自己的脑海中形成一个清晰、科学的知识网络，并学会用多个知识从不同角度去分析所学内容，培养发散思维能力。

总而言之，孩子掌握扎实的基础知识，形成科学的思维方式，掌握正确的记忆和理解方法，才能真正学好政治课中的内容，并在考试时从容地面对灵活多变的试题，最终获得满意的成绩。

学习地理要抓概念，重理解

地理是孩子在中学阶段要学习的一门比较重要的学科，而且地理还是一门跨越文、理的综合性学科，内容相当丰富，其中除了地理专业知识外，还涉及文学、历史、生物、政治、天文、数学等多个知识领域，所以要学好并不容易。

有很多孩子跟我反映说，自己也很想学好地理，可就是对地理中的各种概念、地图内容等理解不透，哪怕当时把一些内容硬背下来了，几天后发现就忘了，很是烦恼。其实，这就是对概念、地图等基础知识没有吃透，没有很好地理解、消化它们，才在学习中困难重重。

你知道那些优秀的中学生都是如何学好地理的吗？

湖南省文科状元叶文轩说，自己学习地理有两个窍门，一个是培养地图学习技能，另一个是运用思维导图来学习。我在仔细地分析了叶同学的学习方法后，认为这两种学习方法非常好。

首先，地图是地理学科中一种独特的表达工具，学会看地图、读地图、分析地图、绘制示意图等，都是学习地理最基本且有效的方法。一张地图上的每一个知识点，都可能成为考试的内容。我就曾多次分析历年的高考试卷，发现其中地理部分地图占有的分量很重，所以培养孩子的地图学习技能对学好地理是很有帮助的。

思维导图则是一种整理和归纳地理知识点、提高复习效率的有效方法。很多孩子在学习地理时都会发现，地理知识很零散、繁杂，自己很难建立起完整的知识体系，这也是孩子们觉得地理难学的关键因素之一。而一些地理老师在教课时，又习惯于填鸭式的教学方法，这就导致孩子在学习后理解不透，只看到表面的一个个枯燥的知识点，结果慢慢就失去了学习兴趣，造成恶性循环。而思维导图可以让孩子把地理学习中那些零散的知识按一定的规律、逻辑、类别等组织起来，构建一个完整的知识体系。而且将课本中的各个知识点用思维导图的形式展现出来，孩子也更容易弄清它们之间的联系与区别，从而让概念、地图知识等更加清晰化、层次化，有助于理解和记忆。

具体来说，我们该怎样教孩子培养起地图学习技能和运用思维导图法学好地理呢？我在这里分别介绍一下：

※ 培养孩子的地图学习技能

在培养孩子的地图学习技能时，首先要让孩子学会看地图、读地图，能从地图上获取自己所需的知识，如各个地理事物的位置、大小、分布情况等。

不过，在看地图时也有技巧，就是让孩子先看地图的名称，再看图例，最后再按照图中内容的顺序来读图。因为地图的名称代表着这幅地图的主题和要点，比如“世界气候类型分布图”“中国行政区划图”“中国三大经济带示意图”等。接下来，再根据地图本身所提示的内容，采用不同的方法来看图。例如：在看河流图时，我们要让孩子按河流的流向来看，也就是按照上游、中游、下游的顺序来看；看一个国家或地区的位置图时，要在图中找到这个国家或地区的经纬度位置、海陆位置等。

对一些重要的示意图、分布图、剖面图、地理简图等，我们还要让孩子亲自动手画一画，以便加深印象和记忆，同时还可以锻炼孩子的分析能力、思考能力，学会系统地掌握地图中的相关内容，并用地理术语来解释这些图像，说明图像中所蕴含的原理等。

比如，在学习美国地形时，我们就可以让孩子根据美国“西部多高原山地，中部为密西西比河冲积平原，东部有阿巴拉契亚山脉，北部是五大淡水湖群”的地形特点，在纸上画出简单的美国地形图。

分析地图就是在看地图时，对地图中的内容进行详细分析，挖掘出地图中所隐藏的信息。不过，很多孩子不会分析地图，不知道从哪里入手，这时我们就要让孩子找到与地图关联的知识。

比如，在分析“亚洲大陆沿 30° N的地形剖面”图时，图中明显的信息包括：苏伊士运河、死海、阿拉伯高原、美索不达米亚平原、伊朗高原、印度河、喜马拉雅山脉、珠穆朗玛峰、青藏高原、横断山脉、四川盆地、长江中下游平原、太平洋，如图 6–9 所示：

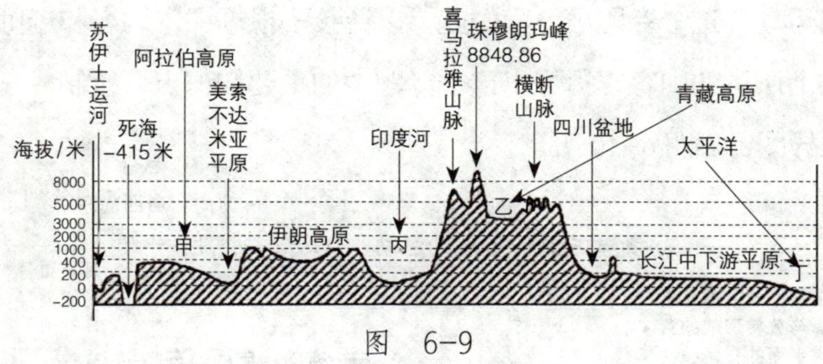

图 6–9

结合这幅图，我们就可以让孩子来思考：这样的地势特点对气候和河流流向有影响吗？会有哪些影响？河流从高一级阶梯向低一级阶梯流动时，会有怎样的落差变化？这种落差会产生什么样的价值？图中海拔最高点和最低点分别是什么？它们是如何形成的？等等，这些问题都是孩子在分析地图时要挖掘出来和积极思考的信息。

通过看地图、读地图、画地图和分析地图，不但能培养孩子的观察力、想象力、思维能力和记忆能力，还能让孩子在此过程中逐渐学会理解各个地理事物的空间分布、空间联系等，从而逐渐提升孩子学习地图的技能，通过地图学好地理。

※ 运用思维导图构建知识框架

在学习地理过程中，为了让孩子能从整体上把握课本知识，以便对各类知识进行综合归类、因果分析和异同比较等，从而更好地理解并掌握系统的地理知识，就要引导孩子学会梳理知识，构建知识框架。比如，孩子每学完一个专题或一个单元后，就让孩子自己制作思维导图，梳理和分析这个专题内的主要知识点，以及这些知识点之间的内在联系等。

举个例子来说，在学习“地球和地图”这一章中，孩子在学完“地球的运动”这个专题后，我们就可以让孩子根据课本内容和老师在课堂上所讲的内容，提炼出这个专题中的重要知识点，绘制成一幅思维导图，如图 6–10 所示。

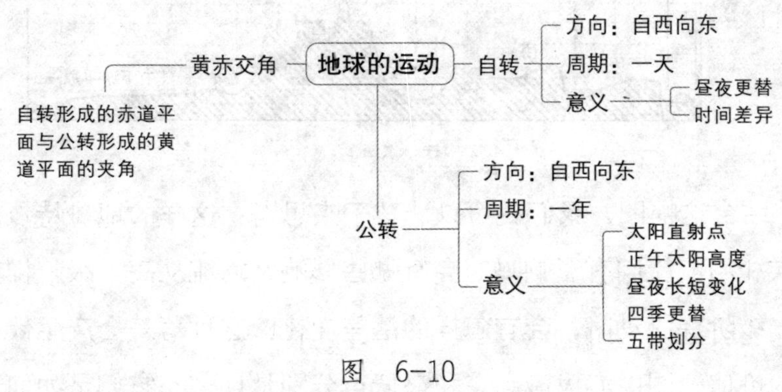

图 6–10

如果孩子经常用思维导图来梳理和归纳各章的知识点，到考前复习时，就可以根据这些思维导图来复习，使繁杂的知识看起来更加清晰、系统，而且还能一目了然地弄清知识脉络，找到前后知识点之间的联系，易于理解、分析和记忆。长期坚持下来，孩子的思维力一定可以得到锻炼和提升。

同时，当孩子在复习时看到自己亲手绘制的思维导图时，内心的自豪感和学习热情也会油然而生，这是复习课堂笔记和抱着课本死记硬背无法达到的效果。所以说，用思维导图法学习地理可谓是一箭双雕，还不赶紧让孩子试试？

第七章

具备规划思维，孩子自主学习不是梦

要让孩子养成自主学习的习惯，家长不但要帮助孩子掌握科学的学习方法，还要引导孩子学会规划自己的学习，锻炼规划思维，建立科学合理的学习计划，懂得管理好自己的时间。要知道，一个好的学习规划是实现学习目标的前期保障，并且能够提高学习效率，减少时间浪费，甚至直接提升孩子的自信心，由此也能增强孩子自主学习的动力。这样的良性循环，才是孩子在学习过程中应有的状态。

超级好用的时间管理法

经常有家长跟我抱怨，说孩子做事太拖拉，做什么都磨磨蹭蹭的，本来半小时能做好的事情，非要拖到一个小时。学习和做事也没计划，想起什么就做什么，有时刚做一半，又想起别的，马上就扔掉手上的事，去做另一件了，结果往往哪件事也没做好。

实际上，这些都与孩子的时间观念较差有关。如果孩子在做事和学习时缺乏时间概念，就容易边做边玩，效率低下。有时哪怕你在后面不停地催促，孩子也仍然是能拖就拖，能偷懒就偷懒。这样的态度，显然做什么都很难做好。

为了强化孩子的时间观念，帮助孩子养成良好的做事习惯和学习习惯，我们可以根据孩子的实际情况，为孩子制订一份时间规划表，引导孩子学会自己管理时间。

不过，制订时间规划表并不是让孩子列出某个时间该做什么就万事大吉了，这个过程不仅需要孩子参与，还需要孩子认真分析自己拖延的原因，找到“病症”，然后弄清楚哪些是最重要的事，需要自己马上处理，哪些是容易浪费时间却不那么重要的事，可以推后再做。这个过程很锻炼孩子的思维能力和规划能力。

当然，在刚开始执行时间规划表时，孩子可能坚持不下来，我们要多引导、多鼓励。只要开始阶段能坚决执行，后面就会越来越容易。而且当孩子习惯了他的时间规划后，以后学习也就不再像之前那么拖拉，而是会自觉地在规定时间内努力完成学习任务。

具体来说，我们可以按照以下方法来帮助孩子做好这个时间规划表：

※ 让孩子把事情分为“必须要做的事”和“想要做的事”

孩子在学习期间，有时拖拉往往是因为他觉得除了学习外，还有其他事情要做，比如要出去踢球、看电视，或者要准备课本和文具、喝水、吃东西、玩手机游戏、接打电话等。

既然孩子可能有这么多事情要做，那我们不妨就与孩子一起列一下，让孩子自己说一说，在一天当中，到底哪些是他“必须要做的事”，哪些是他自己“想要做的事”。

我以前跟我的孩子就做过这个规划，我们也一起列了一个类似下面的表格（如表 7-1 所示）。在表格当中，左边表示孩子“必须要做的事”，右边则是孩子自己“想要做的事”：

必须要做的事	想要做的事
1.起床，吃饭，上学 2.放学后准备好文具，写作业 3.准备好工具书，以备写作业时使用 4.桌上放一杯水或一杯果汁 5.作业完成后，室外活动30分钟 6.吃晚饭后，练琴40分钟 7.睡前读书或一篇文章 ……	1.早晨赖一会儿床 2.放学回来后玩游戏 3.吃零食 4.给某个同学打电话聊聊天 5.坐在桌前发会儿呆 6.看电视或玩手机 7.睡前听音乐 ……

表 7-1

当孩子把这些事一一列出来后，我们就能对他们在学习期间所做的其他事有了较为清晰的概念，同时也更清楚了孩子为什么而磨蹭。

※ 让孩子找出学习时浪费时间的事

在孩子列出“必须要做的事”和自己“想要做的事”后，接下来我们就让孩子找出那些学习过程中容易浪费时间的事。

一般来说，孩子所浪费的时间主要有两种，一种是因为自己的原因浪费的，一种是因为别人的原因浪费的，我们同样可以让孩子先自己分析一下，然后通过表格的方式列出来。如表 7-2 所示：

自己原因浪费的时间	别人原因浪费的时间
1.学习期间走神儿 2.发呆 3.玩手机游戏 4.课本落在学校了 5.跟同学聊天 6.身体不舒服 7.看课外书 ……	1.老师没有按时上课 2.有同学生病，帮忙照顾 3.有同学打扰我 4.外面太吵 5.家里来客人 ……

表 7-2

找到了这些浪费时间的事情后，我们再问问孩子：“为了不浪费时间，我们应该怎么办？”然后让孩子自己思考，给出相应的对策。在孩子提出适当的对策后，我们再考虑与孩子一起制订最终的时间规划表。

※ 和孩子制订时间规划表

当孩子列出自己在学习期间哪些并非必须要做、且又很浪费时间的事情之后，我们便可以让孩子尽量把这些事情从学习时间中剔除。比如，孩子在写作业期间吃零食就比较浪费时间，那我们就可以与孩子商议：可不可以先把作业完成，然后休息时再吃零食？

还要注意的是，在给孩子制订时间规划表时，我们可以让孩子把学习时间分为几段进行，比如每次学习 30 分钟，之后休息 10 分钟，再继续学习，也就是在中间留出休息的时间段。这样既不会让孩子因长时间学习感到很累，又能让孩子在休息时做一些自己想做的事。

根据这些原则，孩子的时间规划表就能列出来了。比如，我们在对孩子放学回家后写作业的时间进行规划时，就可以列出下面如图 7–1 所示的时间流程图：

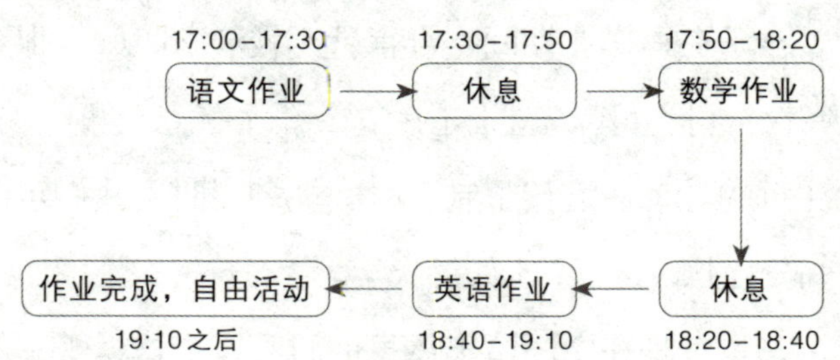

图 7–1

以上的作业时间表，我们也可以根据孩子的实际情况，在与孩子沟通后进行适当调整，不一定拘泥于这份时间表。但要注意的是，只要制订了，就要让孩子坚决执行。而且孩子在执行后，我们也不要吝惜自己的鼓励，多表扬孩子，强化孩子的学习积极性。久而久之，孩子就能慢慢学会管理自己的时间，之前那些磨蹭、浪费时间、缺乏时间规划的毛病也会逐渐改掉。

用思维导图优化学习计划

作业很多，写不完，这是许多中小学生学习的痛点。原因当然有很多，但没有科学的学习计划，不会按照计划进行学习的习惯就是其一。

从小学开始，孩子就习惯按照老师的指派，在规定时间内完成规定的作业，课余时间不是去上才艺班，就是去上兴趣课。孩子长期在这种被动状态下学习，既不用动脑筋思考自己要学什么，也不管怎样学习效果最好，结果不但容易导致思维能力不强，还无法享受到学习的乐趣。

儒家经典《中庸》言："凡事预则立，不预则废。"意思是说，做任何事情都要有计划，这样才能起到事半功倍的效果，否则可能就会事倍功半，甚至失败。可见，制订计划对于孩子的学习来说至关重要，可以让孩子养成自主学习的习惯，有规律地学习。

但是，经常有家长跟我反映说，自己的孩子也会制订学习计划，但他们总感觉孩子的这些计划缺乏条理性。每天，孩子看起来也在按照计划学习，有时一学就是好几个小时，但总结一下发现，他们的学习效率并不高，成绩也不理想。一段时间后，孩子就失去了兴趣，不愿意再坚持计划了。

这种情况的问题在于孩子的学习计划不够合理，比如某一天只学习数学，而不学习其他科目，或者在自己喜欢的科目上学了很长时间，而不愿意学自己不喜欢或不擅长的科目。这样看起来孩子是在按照学习计划学习，实际上并不会产生明显的学习效果，该偏科还是偏科，该学不好的还是学不好。

要让孩子制订科学合理的学习计划，并不是告诉孩子几点该学什么这么简单，而是要遵循一定的思维步骤。

※ 列出不同科目的学习任务

要制订计划，第一步就是要了解孩子所学的不同科目的分量，然后才能引导孩子列出不同科目的学习任务。

以现在孩子所学的课程来说，语文、数学、英语算是主要科目，针对这些科目，我们就要让孩子列出清晰具体的学习任务。而对于其他副科，如地理、历史、生物等，我们可以不那么严格，允许孩子自行支配时间来进行学习。

在针对几门主科列出学习任务时，有一点我们和孩子都要注意，就是学习任务一定要清晰、明确、具体，不能含含糊糊，否则孩子在实施过程中仍然不知道该怎么做。

比如，在列语文学习任务时，就要让孩子列出学到哪一单元，这个单元有几节课，每节课中要掌握的字、词、句子等都有哪些，课后有哪些典型的习题，需要孩子着重进行哪方面的练习等，都要一一列清楚。

※ 针对不同科目安排学习时间

列完学习任务后，接下来我们就要让孩子估计一下，自己每天有多少时间学习，完成每个学习任务大约需要多少时间，然后再合理地规划时间。

需要注意的，每个孩子的学习情况不同，学习效率也有差异，所以安排学习任务时，我们要根据孩子的实际情况来突出重点。这里的重点有两点：一是不同科目知识体系中的重点内容，二是孩子自己学习中有哪些是弱项，需要重点学习。这就要求孩子在安排学习任务时，必须注意调整好时间比例，让孩子把有限的时间和精力都用在“刀刃”上。

当然，孩子不但要集中精力学习重点内容，对于那些不是重点的内容也不能忽略，这样学习才能全面进步。

※ 利用思维导图优化学习计划

通过上面的几步，我们就可以帮孩子制订比较科学的学习计划了，但有些时候，孩子可能不会对一些学习任务进行排序，比如在下午的 5：00~6：00，孩子要写语文作业，一些孩子拿起来就写，也不管这项作业是不是今天最重要的作业。等写完后，发现时间已经过去大半了，老师布置的最重要的作业还没有做呢！这就是因为没有事先做好规划，或者说没有对学习计划进行优化导致的。

孩子就算每天需要按照学习计划学习，也要对学习任务进行级别划分，最好把每天的学习任务分为“A 级任务（如老师安排的重要作业）”“B 级任务（如要预习的课文）”“C 级任务（如日记、计划要读的书等）”。

这时，我们再引导孩子用思维导图来优化自己的学习计划，对学习任务划分出不同的级别，并且合理地分配好完成每项学习任务的时间。图 7-2，就是我之前与我的孩子一起制订的一周学习任务框架图：

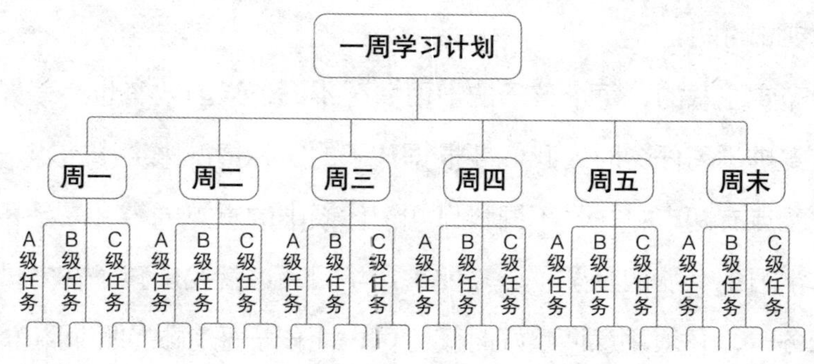

图 7-2

在这幅图中，我们从周一到周末都安排了学习任务，每天都把学习任务按重要级别进行了分类，比如 A 级任务，就是老师布置的必须要在当天完成的作业，这类作业一旦完成，就会产生显著的效果；而未完成，可能就会导致考试不及格、影响第二天的正常听课、学习效果差等严重后果。这类学习任务一般包括老师第二天一上课就要讲解的重要试卷、老师表示第二天要考试的试题、非常重要课程的预习、第二天一早就要上交的参加比赛的作文，等等。

B 级学习任务不像 A 级任务那么重要，但也需要当天完成。这类任务主要包括对课本内容的简单预习、需要背的英语单词、需要默写的生字等。

C 级学习任务就不那么重要了，如果当天时间宽松，可以在当天完成；否则也可以拖几天再完成，并不会对学习产生太明显的影响。它主要包括日记、周记、读书笔记、自己想做的课外习题等。

与此同时，在优化这些任务时，我们还要让孩子安排好完成某项任务的时间。一般 A 级学习任务分配的时间要稍微多一些，但也要根据具体情况来分析。比如说，孩子当天的 A 级学习任务是完成一张模拟试卷，大约需要 1 个半小时的时间，而 B 级任务中有一项是抄写一遍英语课文。英语课文通常都比较短，抄写一遍英语课文花不了多少时间，但又需要孩子完成，这时我们就可以让孩子先花上十几分钟把英语课文抄完，然后再专心致志地去应对最重要的任务——完成模拟试卷。

这样做的好处有两点，首先，先抄课文可以将孩子的专注力从其他事物上拉回到学习当中，让孩子在后面完成模拟试卷时不至于半天找不到学习状态；其次，孩子在答试卷时，也不用再惦记还有英语课文没抄写，从而将全部精力都放在作答试卷上。

通过上面的讲述，我们知道，在帮助孩子优化学习任务过程中，最关键的是让孩子弄清学习任务的轻重缓急，知道自己该优先完成哪项任务，并且分配好完成任务的相应时间。在这个过程中，孩子不但能有的放矢地进行学习，节省下很多时间，更重要的是学会了统筹规划，培养了创新能力和处理问题的能力。这不仅能提升孩子的学习热情和学习效率，还能让孩子的思维力变得越来越灵活，思维技能越来越强大。

巧用思维导图构建知识体系

说起知识体系，好像是个很玄的词，只存在于学霸的世界里。实际上，每个孩子都可以构建自己的知识体系，关键是要找对合适的方法，并能长期坚持下去。我在辅导我的孩子学习时，经常会鼓励和引导他建立知识体系，运用知识体系来学习和复习，效果很好。

不过，对于孩子来说，建立知识体系确实是个“庞大”的工程，事先要做好充分的准备。这些准备就像知识体系的“地基”一样，如果准备不够充分，“地基”搭建不稳，知识大楼就可能随时崩塌。一切准备好之后，再一步一步地进行搭建，就会容易、“稳当”得多。

我在带领孩子搭建知识体系时，发现了一种很好用的方法，就是思维导图法。接下来，我就向大家介绍一下如何做好准备，以及如何用思维导图来建立知识体系。

※ 做好准备，搭建“地基”

要搭建“地基”的第一步，就是让孩子对学过的知识做好复习，进行深入的梳理和理解。尤其学习文科时，最好让孩子把课本中一些重要的内容、知识点等都背下来。像历史、政治这种条理性较强的学科，最好能连章、节、目等标题分级的名称都同时背下来。而像数学、物理、化学等逻辑性较强的学科，则需要孩子把学过的公式、定理、概念等记忆清楚。

接下来，就要让孩子根据课本内容和老师讲过的笔记来设计大纲。通常课本都具有严谨的逻辑体系和提纲挈领的内容叙述，而课堂笔记则是体现出了课本中的重点内容，以及老师在课堂上所讲解的重点、难点内容，有时可能还有老师讲解的一些课本之外的内容。这些都要设计到大纲当中去。

在具体设计大纲过程中，我认为最好是根据课本上的大纲来设计知识体系的大纲，并且保留课本原来的分级，然后结合课堂笔记，对知识进行细节上的调整和补充。这样，不但知识体系内容更加全面，孩子的思路也会更加清晰。

※ 根据大纲绘制思维导图

运用绘制思维导图搭建知识体系的步骤，与我们前文叙述的许多绘制思维导图的方法都很相似，其中课本的大纲就是思维导图的主干，接下来就是根据大纲的具体内容逐级细化、延伸，同时在上面增补内容。在这个过程中，如果孩子感觉有哪些内容不确定时，一定要让孩子到课本或课堂笔记中去核对。

需要注意的一点是，在增补内容时，并不是让孩子把课本或笔记上的内容照搬照抄到思维导图上就行了，而是学会提炼关键词和关键性内容，把一个个关键词或关键性的内容有条理、有逻辑地列入思维导图中，这是一个非常锻炼孩子思维力的过程。日后在复习时，孩子就可以根据这幅思维导图来进行，并根据关键词和关键性内容来复原整体内容。

举个例子来说，在复习小学数学中“图形与几何”这部分内容时，我们就可以让孩子根据这部分内容的大纲来画一幅思维导图，构建起这部分内容的知识体系。

在画图前，我们先让孩子根据课本上的大纲列出思维导图的主干，如这部分内容共分两个专题，分别为“图形的计算与测量”和“图形的运动”，但通常来说，老师在课堂上会把这两个专题的内容细化拆分之后再进行讲解。比如，先教孩子认识和区分平面图形与立体图形，然后再讲图形的变化和位置变化，如折叠、平移、旋转、对称，再讲图形的度量、计算等。根据这个思路，我们就可以让孩子整理出类似图 7-3 这样的一张知识框架图：

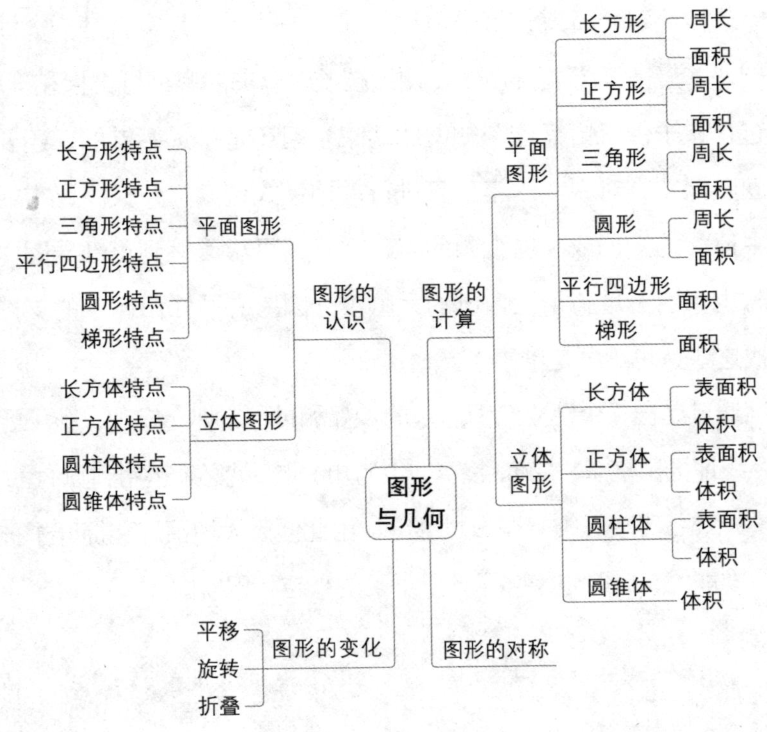

图 7-3

由图 7-3 可以看出，这个知识体系并不是直接把课本内容照搬上来的，而是经过梳理、归纳之后，重新提炼了关键词，厘清了逻辑关系后绘制出来的。在绘制出这个基本框架之后，孩子就可以根据课本和课堂笔记上的内容，把一些重点、难点内容一一增加在上面了。

在复习时，孩子只要打开这张思维导图，就可以清晰地知道这一个专题中所讲的主要内容、重点内容、难点内容都有什么。如果孩子感兴趣，我们也可以鼓励孩子背诵或定期默写思维导图，检验自己对这部分知识的掌握情况。

这样一章一章或一节一节地构建知识体系，其实就是一个让孩子把课本慢慢读“薄”的过程，便于孩子对全书内容进行把握和理解。不过，孩子仅仅倚靠这个知识体系来学习还是远远不够的，还要学会回归课本，对课本内容反复进行“地毯式搜索”，找出课本或笔记中遗漏的知识或一些细微的点，并将其再次填写到思维导图中，同时也相当于重新录入自己的大脑中。因为有了知识体系的支撑，寻找这些点也不再是难事了。

通过这样一个建立知识体系的步骤和过程，你会发现，孩子要学会系统地把握整节、整章、整本书中的知识点，就必须运用到归纳思维、分类思维、比较思维、逻辑思维等，由此便大大地锻炼和提升了孩子的思维能力，同时也增强了孩子学习的兴趣和积极性。

考前规划离不开思维导图

“快要期末开始了，该怎么复习呀？”

“为什么我明明复习完了，可合上课本就会忘？”

“为什么都在复习，我同桌的效率就比我高很多呢？”

……

每次面临考试时，不少孩子都会遇到类似的问题。不管是平时在班级里表现优秀的，还是成绩一向平平的，只要一临近考试，都会不由自主地绷紧神经。大家都想知道，到底考试前怎么复习，才能提高复习效率、提升成绩呢?

我们常说:“有志者立长志,无志者常立志。”做任何事情,都要提前准备,事先规划,日常学习和考试同样如此。许多孩子没有自己的学习计划,学习时眉毛胡子一把抓,每天看起来忙得焦头烂额,一到考试却发现成绩仍然止步不前。

前文我们详细地介绍了孩子如何管理自己的时间,如何用思维导图优化自己学习计划的内容。实际上,孩子不仅在平时的学习中需要认真计划,在考试前也要做好规划,明确自己考前的复习任务,规划好不同科目的复习时间等。比如,在规划学习任务时,就可以罗列出自己在考前复习时一天中大概的学习任务,包括听课、背诵、阅读、做题、错题管理等;在规划复习时间时,则可以规划一下晨读、课堂上、课间、午休、放学后的时间。之后,再根据不同的时间来分配不同的学习任务。

在制订考前规划过程中，我们还要让孩子把复习任务具体化，比如背诵时，要规定好背诵多长时间，背诵的内容是什么；做题时，要做哪些题目，题型都是什么样的等等。这样才能方便孩子随时检测复习情况，而不是只走个流程，不看效率。

如图 7-4 所示，是一位初一年级的孩子为自己制订的考前复习规划图。在这幅图中，既有不同时间段需要复习的内容，又有不同内容中所分配的具体时间长度，很值得我们借鉴。

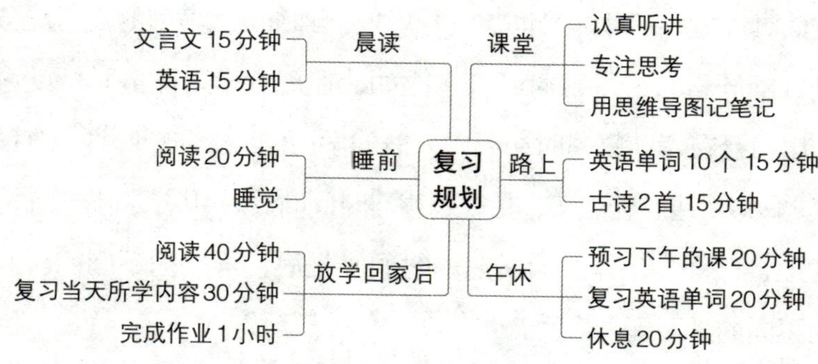

图 7-4

需要注意的是，孩子的复习规划不能只是纸上谈兵，制订后一定要坚持执行才行。在这期间，我们要多监督和鼓励孩子，当孩子出现懈怠心理时，及时为孩子加油打气，不要让孩子半途而废。

有的家长可能会问，如果要具体到某一科目，我们又该怎样引导孩子制订考前规划，才能让孩子高效复习，把大脑中的知识再次“唤醒”呢？

我认为，我们可以让孩子遵循下面几个步骤进行：

※ 梳理课本目录

我以前上中学时，发现我的“学霸”同桌每次考试前，都会把书本的目录抄写一遍。我当时非常不理解，问他为什么要这么做？我记得他这样跟我说的：“你不知道，每次抄完一遍目录，我都能感觉到之前学过的知识在我的脑海里过了一遍。”我一开始不相信，后来自己耐不住好奇，就试着抄了一遍，结果抄完之后，发现真的能把课本上的知识点在大脑中盘点一遍。

这其实是一种很好的复习方法，只是被很多孩子忽略了而已。因为在抄写目录时，就相当于把目录上的知识点从头到尾统统梳理了一遍，并且对里面每一章、每一节的内容都进行了“唤醒”，让它们像过电影一样在大脑中重现一遍。这个过程就是一个很好的知识复盘过程。

※ 绘制复习思维导图

当孩子感觉自己对课本内容回顾差不多了，接下来就合上课本，按照每一单元或每一章、每一节的顺序，开始画复习思维导图。

在画思维导图前，仍然是遵循我们之前画思维导图的步骤，首先写下每一章节的题目，这也是该章或该节的关键知识点。接着，再把次级关键知识点以分支的形式列在周围，并用相应的连接方式连接起来，再把重点内容用最精确的字词或符号标注出来，便于自己重点关注。

在这个过程中，如果孩子发现自己在某个知识点上“卡壳”了，记住：不要马上去翻看课本，而是用不同颜色的笔标注出来，等自己把全部知识点都梳理完之后，再去详细地查缺补漏。

※ 对照课本查缺补漏

对于大多数孩子来说，要凭自己的记忆画复习导图很难不出错，所以在画完后，我们还要让孩子打开课本，对照课本中每一单元、每一章、每一节的内容进行查缺补漏，仔细核对每一个知识点。这时，我们还要提醒孩子，对那些自己忘记的、不熟悉的，或者整理时出错的知识点，一定要单独用有颜色的笔标出来，方便再次复习时重点关注，知道自己哪些地方的知识点掌握得还不够牢固，需要重点复习。

当孩子分别对各章各节内容画完思维导图，并且查缺补漏之后，接下来我们可以让孩子把这些整理好的思维导图装订起来。这样，孩子就拥有了一本思维导图复习小册子，随时可以拿出来复习了。

总而言之，考试就像打仗一样，只有“运筹帷幄之中”，才能“决胜千里之外”；只有对各类知识了然于胸，融会贯通，才能从容不迫地应对各类考试。更重要的是，不论是从整体上规划考试，还是具体到某一学科的复习规划，这些过程都是对孩子整体归纳能力和逻辑思维能力等多项能力的有效锻炼，帮助孩子更好地管理自己的学习，让孩子养成主动学习的习惯和能力，从而迈向真正的“学霸”之路。